María Belén Sánchez, fsp

¿QUIERES APRENDER
COMO HACER UN MILAGRO?

T0105812

María Belén Sánchez, fsp

¿QUIERES APRENDER
COMO HACER UN MILAGRO?

Impreso en Victoria, BC, Canadá.

ISBN: 978-1-4251-9083-5 (sc)
ISBN: 978-1-4251-9084-2 (hc)
ISBN: 978-1-4251-9085-9 (ebook)

*Nuestra misión es ofrecer eficientemente el mejor y más exhaustivo servicio de
publicación de libros en el mundo, facilitando el éxito de cada autor. Para
conocer más acerca de cómo publicar su libro a su manera y hacerlo disponible
alrededor del mundo, visítenos en la dirección www.trafford.com*

Trafford rev. 10/1/09

 www.trafford.com

Para Norteamérica y el mundo entero
llamadas sin cargo: 1 888 232 4444 (USA & Canadá)
teléfono: 250 383 6864 ♦ fax: 812 355 4082

Introducción

Estas páginas son para hacerte una invitación muy especial, voy a invitarte a seguir un camino que puede iniciarte en una experiencia maravillosa: algo así como un método para aprender a hacer milagros.

Desde luego, que no se trata de algo mágico, no es nada más de leer estas páginas de corrido; será necesario dedicarle un tiempo razonable, cada día y durante cierto tiempo.

Para algunos, podría ser muy oportuno utilizar el tiempo de Cuaresma. ¿Por qué? Porque la Cuaresma es un tiempo privilegiado, una oportunidad que se nos ofrece para renovarnos y cambiar, esto es, para la sorpresa, para lo nuevo y diferente.

Además en este tiempo hay muchas personas que oran un poco más y un poco mejor, y esto también ayuda.

Empezaremos con reflexiones sencillas, primero como una introducción, y poco a poco, habrá que ahondar en ellas y hacer algo concreto.

Desde luego podrás hacer este ejercicio en cualquier tiempo del año, pero respetando siempre aquello de los "cuarenta días"

¿Por qué cuarenta días? Para los antiguos era un número clave, como quien dice completo; hoy nos damos cuenta de que, efectivamente en ese lapso se puede cumplir un ciclo. (Aunque por cuestiones prácticas añadiremos cinco temas más que corresponden a los días de la semana santa).

También será necesario realizar cada día un paso, una reflexión, o un ejercicio... pero *todos los días*. Esto requiere ciertamente, dedicar unos minutos a la reflexión, tal vez una media hora.

Dicen que una golondrina no hace primavera, ni un acto aislado afecta a la persona, mucho menos su personalidad.

Entonces se necesita ahondar, hasta llegar a lo profundo del ser, allí donde se dan las verdaderas realidades de la existencia, donde tenemos la posibilidad de tomar en las manos nuestra propia vida y moldearla en la dimensión que verdaderamente queramos imprimirle.

Por lo pronto piensa muy bien cuál es el primer milagro que quieres lograr, pero que sea algo verdaderamente interesante para tu vida. No vengas con aquello de "que me saque la lotería, que se alivie mi perro o que se muera mi suegra..."

Tienes que ponerte como meta algo muy personal y trascendente, porque el primer milagro tiene que realizarse en ti mismo, en lo más hondo de tu corazón.

Al final, podemos hablar. Si para ese día se habrá realizado en tu vida el milagro, habrás logrado un triunfo estupendo.

Y entonces estarás preparado para hacer otros milagros a favor de los demás, o al menos sabrás cuál es el camino...

Actividad personal:

¿Crees de veras que puedes tener en tus manos todo el poder para hacer milagros?

Comenta en estos días con otras personas, acerca de hechos extraordinarios que pueden ser considerados como milagrosos.

Anota los Milagros que deseas obtener

Para ti,
Para las personas que te rodean
Para la humanidad entera

Analiza a que nivel quieres realizar tus milagros:

Material
Físico
Psicológico
Espiritual

1 UNA OPORTUNIDAD PARA LO NUEVO

Antes de empezar nuestras "reflexiones" dime, ¿Qué es, o qué significa para ti el tiempo de Cuaresma?

Es un tiempo, propuesto cada año por la Iglesia como un tiempo de conversión que sin duda resuena de forma muy diferente en cada persona.

Unos se alzarán de hombros como ante algo que no les interesa, otros voltearán la cara, con un gesto de rechazo, otros la aceptarán como un peso que hay que cargar, algunos la tomarán en sus manos sin saber qué hacer con ella, algunos tratarán de sacarle jugo, pero sin mucho éxito.

Pero muchos otros tratarán de vivirla en la sinceridad de su corazón, y algunos más tomarán en sus manos este tiempo como una verdadera oportunidad de conversión, de cambio, de renovación.

Habrá sin duda también personas que por su práctica religiosa se encuentran al margen de estos parámetros, pero con un poco de apertura pueden también entrar en la dinámica del milagro.

¿Tú de cuáles eres? ¿En cuál de estos grupos te encuentras...?

Porque hoy, como suele suceder siempre, cuando escuchamos que la Cuaresma es tiempo de "penitencia y de conversión", habrá quienes cerrarán los oídos o cambiarán de canal para no oír estas cosas, y una vez más se escapará una oportunidad privilegiada para realizar una obra verdaderamente interesante.

Otros, en cambio aceptarán este tiempo como una oportunidad estupenda de dar un giro a la vida para hacerla más límpida, más buena, y más semejante a lo que quiere Dios.

En efecto, la Cuaresma o el tiempo que nos hayamos fijado, pueden constituir una buena oportunidad, pero si queremos que sea en la línea del milagro, sin duda tenemos que abrir la puerta y dejarle paso a lo nuevo, esto es, a permitir que algo se modifique en nuestro ser, y bien pudiera ser que nos empuje a un cambio de vida.

Actividad personal:

El primer milagro será un cambio radical en ti

¿Hay en tu ser alguna inconformidad o deseo de algo más?

Anota lo que deseas que cambie en tu vida:

Lo que no te gusta en el presente y lo que sueñas para el futuro.

Nota:

Como podrás constatar, las reflexiones son bastante escuetas y las actividades sumamente sencillas. No se trata de un trabajo psicológico, sino de una senda para llegar al centro medular de la persona dejando que Dios la ilumine y actúe en ella.

Sin duda alguna vez acudiste a la iglesia el Miércoles de Ceniza, –todo el mundo va ese día...– al recibir el signo, nos dijeron unas palabras claves: "Conviértete y cree en el Evangelio."

Acaso algunos hubieran preferido el antiguo tema: "Acuérdate que eres polvo, y que al polvo has de volver."

Tal vez ese día entramos y salimos, y seguimos nuestra vida rutinaria con la satisfacción de haber cumplido, pero nada más.

¿Por qué será que lo folklórico tiene más aceptación que lo cultural?

¿Por qué es más fácil acercarse a un signo exterior, que llegar a lo más íntimo del corazón?

Las dos palabras claves del rito de la Ceniza tienen el mismo significado. Llevándolas hasta sus últimas consecuencias, logran el mismo efecto: Cuando la persona se sitúa ante su última realidad y se plantea su origen con sinceridad y humildad, reconoce que en el conjunto del cosmos su vida es tan sólo un átomo de polvo perdido en la inmensa muchedumbre de vida...

Pero el ser humano es polvo luminoso, creado por Dios, esto es, partícipe de un destello de esa vida divina, con una oportunidad única en un momento determinado en este constante devenir.

Si rectificamos el "acuérdate que fuiste creado de la tierra" –y del barro–, por el "acuérdate que saliste de las manos de Dios" que te dio la posibilidad de participar en su fiesta de la vida, todo toma una perspectiva diferente, podemos considerar nuestra vuelta al polvo, no el material retorno a la tierra, sino el amoroso regreso a las manos del Creador.

Bajo esa luz, los criterios humanos cobran otra dimensión, sabiendo que lo único que llevaremos a ese último momento será el amor que hayamos podido cultivar. Todo morirá, menos el amor.

Todo pasará, lo único que permanecerá para la eternidad será lo que en nuestro ser hayamos logrado construir con amor.

Este Amor que perdurará hasta la eternidad, nos impulsa a retomar nuestra vida, esto es, a darle un giro de conversión, donde lo malo que pudiera haber en nuestro corazón, por el arrepentimiento puede ser transformado, perdonado y redimido.

Actividad personal:

Escribe brevemente lo que quieres que digan de ti el último día de tu vida.

Repite cuantas veces puedas:

"Dios mío, ayúdame a conservar en mi vida el amor que me diste al nacer y a cuidar el que quiero presentarte en mis manos al morir".

3 CONVERSION Y CAMBIO 2

La otra frase clave del Rito de la Ceniza dice: "Conviértete y cree en el Evangelio."

Esto implica dos cosas:

La primera es cambiar, o sea, convertirse.

La segunda tener fe, fe en Jesucristo, escuchar y creer en sus palabras que están contenidas en el Evangelio.

Y el mensaje cristiano lleva exactamente a lo mismo que considerábamos ayer: a la transformación de la vida por el amor.

Las palabras de Jesús resuenan en cualquier persona abierta a una búsqueda sincera, y desde sus enseñanzas podemos descubrir qué es lo que Dios piensa, que es lo que Dios quiere, que es lo que ama.

Y muy explícitamente plantea para nosotros un único mandamiento sobre el cual puede orientarse la vida entera: el amor.

Amor de Dios hacia cada ser humano, y amor de la persona humana hacia Dios, y dentro de este contexto cabe todo amor humano con dimensiones divinas.

A la luz de las enseñanzas de Jesús pueden darse las condiciones que nos permitan hacer los milagros que Él realizó durante su vida y cambiar radicalmente la nuestra.

Desde luego, esto no es para el que está pagado de sí mismo, para el que se considera perfecto, para el que cree que no tiene nada qué reprocharse.

En realidad en algún momento, todos los seres humanos necesitamos de conversión. Para algunos será dar un giro completo, una vuelta en U, para otros, voltear a mirar de frente a Dios y para cada uno sería preguntarse cuáles son sus criterios en tal o cual circunstancia, que opina Dios de mi actividad o de mi modo de vivir.

Actividad personal:

¿Sería un milagro cambiar el curso de la historia?

¿Alguna vez has llegado a percibir las cosas del mundo y la vida como nuevas, o como si las vieras por primera vez?

Si pudieras devolver el curso de los años,

¿Qué volverías a vivir?

y

¿Qué modificarías en tu vida?

4 LA TENTACION

Hay momentos en la vida en que es necesario decir "NO" a lo que hasta el momento hemos dicho "SÍ"; o aceptar y decir "SI" a lo que decimos "NO".

Entre esa dualidad del sí y el no, a veces nos encontramos indecisos o perplejos.

Hoy consideramos que en toda vida humana existen situaciones incomprensibles que nos obligan a tomar partido.

Dos caminos se presentan en momentos determinantes de la vida y eso es lo que podríamos llamar "Tentación".

Algunos neciamente creyeron que la tentación consistía en comer o no comer manzana, y se negaron a ver otros aspectos de la vida.

Porque el Señor lo que les pedía era caminar, sonreír, aprender a dar y compartir.

A veces también nosotros confundimos la tentación con un antojo.

Hoy por hoy, en nuestro mundo y en la situación en la que cada uno de nosotros vive, se dan nuevas tentaciones, acaso diferentes para cada quien, pero siempre se manifiestan como la negación del ser.

La tentación, más que algo accidental o superficial es una cuestión de opción. Se trata de la dirección de la vida; de optar por el bien o por el mal, o como dice el Evangelio ir por el camino fácil o ir cuesta arriba. Se trata de saber a dónde vamos y a dónde queremos llegar.

Hoy se nos pone a consideración que también Jesús tuvo que enfrentarse a la tentación, esto es, a elegir entre dos alternativas opuestas; y también las tentaciones de Jesús tocaban lo más vivo de su ser.

* Ante la opción de convertir piedras en pan (o en oro), Jesús prefirió el camino del trabajo honrado, a veces fatigoso, pero siempre satisfactorio.

* Ante la tentación de adquirir prestigio y brillo fácil, Jesús prefirió ganarse a pulso la fama por medio de los milagros que realizaba en favor de los demás.

* Entre ejercer dominio sobre los pueblos y naciones de la tierra, Jesús prefirió instaurar un Reino de Amor y de Fraternidad.

Para nosotros hoy, la tentación más grande es la opción de entrar en nuestro corazón para encararnos con nuestro yo profundo y tomar en las manos la propia realidad, o quedarnos en la superficie, evadirnos y tomar la vida a la ligera.

Optar por levantarnos y aprender a caminar por la vida o sentarnos en nuestra limitada comodidad.

Optar por ir al encuentro de los demás o centrarnos en nuestras motivaciones egoístas.

La tentación es una tensión fundamental que nos impulsa a tomar decisiones radicales que tocan las más íntimas fibras del ser, y se da precisamente allí donde más duele.

De la elección que hagamos hoy va a depender toda nuestra vida en el futuro.

Actividad personal:

Anota cuáles son hoy las tentaciones de tu vida; para que analices hacia dónde diriges tu destino.

Repite hoy muchas veces:

Dios mío, ¿qué quieres de mí?

¿Dónde se aloja el verdadero núcleo de la persona? Eso no es posible definirlo, pero sí ciertamente cada uno puede reconocer que existe en su propio ser ese meollo íntimo donde se dan las verdaderas realidades, donde podemos reconocer nuestro más auténtico "YO".

Cada quien podrá darle el nombre que prefiera, unos hablan de corazón (y no ciertamente del corazón físico), otros decimos el alma, quienes prefieren nombrarle de otro modo, pero siempre será lo mismo.

Es precisamente a este centro vital, que hoy me ha gustado llamar el "fondo del alma" al que tenemos que llegar para tomar en nuestras manos la propia persona y hacer en y con ella, lo que verdaderamente queremos. Se trata de conocernos para entendernos y comprendernos y luego tomar la direccional y conducir nuestra propia vida por el camino que verdaderamente queremos.

¿Estás seguro que tus decisiones son las que verdaderamente quieres desde lo más profundo de tu ser?

Vamos a analizarlo. El "YO" más íntimo, más auténtico de la persona se encuentra como escondido bajo una cantidad de capas que lo envuelven.

La más externa es el entorno, formado por personas, cosas y acontecimientos que están totalmente fuera de "mí" pero que sin embargo me condicionan y me afectan y en algún determinando momento hasta obstaculizan mi caminar e impiden mi libertad.

La siguiente capa es la del propio cuerpo con sus limitaciones, enfermedades; con los sentidos que tanto ayudan y en ciertos momentos tanto condicionan.

Hay una capa más en la cual podríamos afirmar que radican los sentimientos, afectos y pasiones y luego una capa más donde se da lo mental, la idea, el conocimiento, el saber y el sentido del deber.

Por fin, en lo más cercano al YO, encontraremos la conciencia como si fuera la cascarita más fina adherida a nuestra alma.

Luego analizaremos un poco más a fondo estos aspectos, mientras tanto te sugiero un ejercicio práctico:

Actividad personal:

¿Podrías dedicar un poco de tiempo a analizar y a reconocer lo que constituye lo concreto de tu entorno y distinguir lo que te ayuda y lo que te estorba?

Escribe hoy una carta a Dios para comentarle cómo te sientes.

Poniendo una comparación podríamos considerar al ser humano como una fruta constituida por varias capas que van desde la cáscara, la pulpa, la semilla... en cada uno de esos niveles ubicamos las diversas funciones de la persona, dándoles un lugar más cercano a las que más afectan al ser.

Si decimos todo esto, es sólo para poder explicarnos y poder entendernos mejor, ya que en la realidad sabemos que el ser humano es un todo indivisible y combinado en una interrelación de funciones y facultades que no pueden separarse, pero sí, ciertamente pueden distinguirse.

Vamos a explicarlo gráficamente y luego veremos detenidamente cuáles son las implicaciones prácticas que nos interesan en este momento para lograr el milagro de una personalidad nueva, diferente y capaz de realizar cualquier cosa que se proponga, una persona a quien nada se le niega, porque quien sabe lo que es y lo que quiere, no encuentra nada que se interponga en su camino.

Es muy importante poner esto bien claro para poder entendernos en los temas que siguen.

También hay que tener en cuenta que éste es un método de ayuda sumamente simplificado, sin desconocer que hay otros que explican al ser humano con parámetros distintos y con esquemas diferentes.

El método y las palabras en este momento no son tan importantes, lo único y verdadero importante es que podamos encontrar el camino para llegar al centro del "YO"

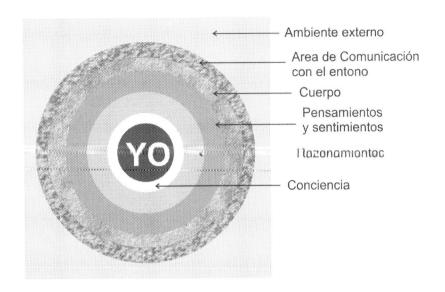

Ambiente externo
Area de Comunicación con el entono
Cuerpo
Pensamientos y sentimientos
Razonamientos
Conciencia

Actividad personal:

Analizando tu persona, te habrás dado cuenta de la complejidad de tus vivencias...

Si quieres, elabora, en la forma más simple que puedas, tu propio esquema para explicarte cómo te percibes.

7 CONCIENCIA

Continuando nuestra aventura por ese laberinto que nos conduce a las zonas más profundas y escondidas del "YO", podemos fácilmente darnos cuenta de que lo más importante en este trabajo de introspección es llegar a tomar en mano la propia conciencia.

Muchas veces hemos oído hablar de la "buena o mala conciencia" de la voz de la conciencia que aprueba o reprocha, de una conciencia bien formada o de una conciencia deformada; o de que una persona "no tiene conciencia"...

Hay personas que suelen hacer una distinción entre conciencia y "consciencia".

Llaman conciencia a ese juez que continuamente está diciendo: "esto es bueno o esto es malo; haz hecho bien o haz hecho mal". Este tipo de conciencia no nos interesa ahora, es más, muchas veces ni siquiera es parte de nuestra "conciencia", sino algo que aprendimos de todo aquello que nos fueron diciendo y repitiendo los mayores a través de nuestra infancia, y que se nos quedó en el subconsciente como una cinta grabada en el área de pensamientos y hasta de razonamientos.

En algún momento de la vida también tendremos que plantearnos con qué parte de esta grabación queremos seguir funcionando de aquí en adelante.

Lo que hoy debemos poner en claro es que existe un ámbito de nuestro ser en donde se dan lo verdadero, lo auténtico, lo que es esencial para la persona humana, lo que le afecta y la configura.

Si queremos llamarle "alma", "ser", "centro", "corazón" o... es lo de menos, pero ése ámbito más íntimo que llamaremos "YO" se comunica al exterior que hoy vamos a llamar conciencia.

Todo lo demás, lo que sucede en ámbitos de pensamientos y sentimientos afecta a nuestro "YO" más íntimo, en la medida en que le damos permiso; y lo mismo o con mucha mayor razón puede decirse de aquello que sucede a niveles físicos y a niveles externos que provienen del ambiente o de personas ajenas a nuestra conciencia.

Es en el centro del "YO" donde se dan las vivencias más hondas: la alegría, el dolor (no el dolor físico), los rencores, el perdón, y una larga lista otras experiencias. Pero sobre todo es allí donde se vive el "amor", que es la vivencia cumbre del ser.

Es el amor lo que da consistencia, lo que hace crecer y vivir, y lo único que perdurará después de esta vida.

Es también allí, en este ámbito donde se da el encuentro con Dios y las vivencias de lo más elevado, de lo más puro y santo.

Actividad personal:

¿Cómo te afecta el clima, el ambiente y lo que sucede fuera?

¿Cuáles cosas externas dejas que influyan en tus vivencias más íntimas?

¿En qué momentos te has sentido plenamente tú?

En el sencillo esquema que venimos manejando, hemos visto elementos tan importantes en la persona y que influyen en la personalidad según la resonancia que les dejemos ejercer en la conciencia.

La "mente" con su incontenible fábrica de pensamientos que brotan de las ideas y del conocimiento, es uno de los factores más relevantes en nuestra persona.

Los afectos o sentimientos son otro factor sumamente fuerte, pero no determinante si sabemos controlarlos.

Nuestro cuerpo físico es un aspecto del cual no podemos prescindir, y al que desde luego tenemos que dedicarle atenciones especiales de alimentación, higiene y descanso. Pero a menudo el cuerpo pretende imponer sus normas y quiere dominar.

El ambiente externo muchas veces toma la rienda y nos lleva, como dicen, por la calle de la amargura.

Esto sucede cuando ponemos la causa y la motivación de nuestras alegrías o de nuestras tristezas en lo que sucede fuera o las personas que nos rodean.

Por ejemplo la niña que se deshace en lágrimas y que ya no quiere ni vivir porque el novio la dejó por otra. Esta chica le está dando a ese hombre un poder de dominio sobre ella que no merece. Es únicamente ella quien tiene que decidir en quien o en qué pone la razón de su vida y de su alegría.

Por ejemplo también, hay personas que ponen toda su fe en que recibir la salud de tal o cual agente externo; y va a hacerse una "limpia" y su "YO" decide que la persona y las yerbas actúen en su conciencia, en vez de actuar por sí misma y recurrir a Dios por medio de la fe.

La voluntad es también un elemento del cual tendremos que hablar porque mucho nos interesa:

La voluntad es una facultad humana que influye en todas las envolturas de nuestra persona y tiene la facultad de dominarlas, guiarlas, dirigirlas...

En un ambiente campesino podríamos comparar la voluntad con la rienda del corcel por la cual se le indica la dirección. En nuestro contexto citadino, decimos que la voluntad equivale al volante de nuestro vehículo, porque allí está la orientación que queremos darle a nuestra vida.

Actividad personal:

Hoy analiza cómo es la voluntad en ti, ¿es verdaderamente una fuerza directriz, fuerte y decisiva; determinante y orientadora?

¿Eres conciente de las influencias externas o te dejas llevar por el viento que sopla?

¿Reconoces de dónde procede tu fuerza?

9 PALABRAS Y ACCIONES

Antes de continuar es inevitable hablar de lo que implica y significa la palabra y la acción con relación a nuestro proyecto.

Palabra y acción son temas importantes porque son los principales medios de relación que nos comunican con los demás, y la persona es ante todo un "ser en relación". Y aunque en algún momento aislemos un tema para poderlo estudiar, analizar y profundizar, tenemos que tener en cuenta el conjunto de la persona en toda su polifacética realidad.

Ahora bien, la persona se comunica con sus semejantes a través de palabras y acciones.

Lo que hace y lo que dice son la manifestación externa del bien y del mal que hierve en nuestro interior.

Pensamientos y sentimientos; corporeidad y ambiente envuelven, oprimen y hasta pueden ahogar el más auténtico "YO"; pero quedan siempre en nuestro interior.

En cambio, palabras y acciones salen al exterior y se manifiestan a los demás dejándoles vislumbrar la calidad de lo que llevamos en el corazón.

Nunca las palabras afloran sin que antes hayan sido incubadas en el pensamiento o en el sentimiento.

Por eso es tan importante cuidar lo que pensamos y lo que sentimos, porque las palabras que salgan de nuestra boca serán la expresión de lo que bulle en el corazón.

En estos ámbitos de palabras y acciones, la voluntad influye, ciertamente, pero únicamente cuando ha habido un ejercicio asiduo y repetido que empieza tomando el control de las ideas, de los pensamientos y de los sentimientos.

Actividad personal:

¿Hago y digo lo que quiero o se me salen palabras de las cuales luego me arrepiento?

¿Piensas que puedes conocer mejor a una persona después de oírla hablar?

Recuerda algún hecho en el cual tu opinión respecto a una persona cambió después de escuchar sus palabras.

10 EL PAPEL DE LA VOLUNTAD

Controlar - tomar en las manos

Hoy vamos a considerar cómo la voluntad es el volante o la dirección de la propia existencia.

Ciertamente a nadie se nos va a ocurrir confundir la fuerza de voluntad con una actitud de fuertes caprichitos, ni tampoco se la vamos le vamos a atribuir fuerza de voluntad a una persona de eminente terquedad.

La voluntad está al servicio de la conciencia, los caprichos son manifestaciones de los sentimientos más elementales: del "me gusta, no me gusta" "quiero, no quiero"; la terquedad se guía por los pensamientos, que quieren tomar el mando, en vez de dejarse guiar por la voluntad.

En el ser humano hay pensamientos buenos y malos, pensamientos que le construyen, y pensamientos que le destruyen.

Existe la salud mental y la mente dañada.

Ahora bien, la voluntad puede encauzar y dirigir esta fuerza para que nos ayude a mejorar, a ser más auténticos y felices.

Los sentimientos son en el ser humano una fuerza de doble filo: muy hermosa, si alimentamos sentimientos de bondad, de comprensión, de dulzura, etc. y sin duda conocemos también personas de muy malos sentimientos en los que la crueldad, los rencores, y una serie de maldades hayan cabida en su corazón.

En el mundo en que vivimos no hay personas netamente buenas, ni netamente malas. Todos podemos constatar que en nuestro ser conviven los pensamientos y los sentimientos buenos y malos.

Y entre esos dualismos que a veces nos desconciertan y nos destrozan, está la "voluntad" como fuerza que equilibra, que guía y que orienta.

La única válvula reguladora del bien y del mal en nosotros, es la voluntad.

Cuando se insiste en que la voluntad tome el volante de pensamientos y sentimientos, se intuye que luego será más fácil dominar el cuerpo y controlar el ambiente externo.

Actividad personal:

Dedica hoy un poco de tu tiempo a analizar quien manda verdaderamente en tu vida.

Los pensamientos y las ideas o los sentimientos, los afectos y las sensaciones o los sentidos físicos...

En el Evangelio encontramos un pasaje que dice cómo Jesús subió a un monte y se transfiguró. Sus vestidos eran blancos como la nieve y su rostro resplandecía como el sol... Así puede llegar a ser la persona que vive plenamente desde su verdadera esencia del ser.

Cuando lleguemos a lo más vivo de nuestro "YO" podremos encontrar las realidades cumbres.

Allí podemos encontrarnos con Dios.

Allí podemos hacer resplandecer lo más hermoso y santo.

¿Para qué voy a decirte que lo importante es el ayuno o que no comas carne si eso se va a quedar a nivel del cuerpo? ¿Para qué decirte que vayas a la Iglesia si eso se va a quedar a nivel de los sentimientos? ¿Para qué decirte que reces esta o aquella oración si eso se va a quedar a nivel de los pensamientos?

Pero si logras llegar a lo más íntimo de tu ser, atravesando todas las capas que le envuelven, y rompiendo la costra que tal vez tiene ahogado a tu "YO", si logras llegar al meollo íntimo de tu corazón, allí en ese centro puedes invocar a Dios y Él se hará presente, entonces tendrá sentido el ayuno, porque nada, ni comer ni beber, tienen importancia cuando se ha encontrado a Dios.

Entonces de ese mismo corazón brotará una oración, acaso tan absurda como la de Pedro: "Señor hagamos tres chozas..." pero sin duda será lo más sincero que haya salido de tus labios...

Entonces irás a la Iglesia, y ya no será larga y aburrida la Misa o la celebración, ya no será tediosa la oración, porque habrás descubierto su sentido profundo.

La Transfiguración de Jesús nos enseña que también para nosotros es posible renovar la vida.

¿Pero cómo? nos preguntamos una y otra vez, muy a menudo damos vueltas y vueltas y vamos de aquí para allá y no damos con la puerta para encontrar el punto clave de cómo renovar la vida.

No te desanimes, sigue reflexionando conmigo y veremos hasta dónde llegamos. Hay todavía muchos temas antes de llegar al final, no te los saltes, llevan su secuencia y aislados son como piezas sueltas de un rompecabezas.

Actividad personal:

Por hoy reflexiona, profundiza que ensombrece tu vida, y que es lo que estorba para que resplandezca la luz de Dios que hay en Ti.

Lee en el Evangelio:
Mateo 1
Marcos 9
y
Lucas 9,23
Repite hoy muchas veces, tantas cuantas te sea posible:
"Señor, tú eres Luz, no hay oscuridad. Ilumíname".

Cada persona tiene, en su propia intimidad, ese rostro que los demás desconocen.

Si en algún momento tuviéramos que ponerlo al descubierto y mostrar ante todo el mundo lo que verdaderamente somos, pensamos, vivimos y deseamos, ¿podríamos hacerlo limpiamente, sin ningún sentimiento de vergüenza?

Y aún ante nosotros mismos, cuando miramos nuestro ser, ¿podemos contemplar el trayecto recorrido hasta el presente sin deplorar absolutamente nada?

Acaso al llegar a ese núcleo de nuestro ser, nos dimos cuenta de que lo más genuino de nuestra persona se encuentra opacado, ensombrecido o quizás asfixiado por la densidad de fuerza que hemos dejado acumular en nuestros pensamientos, sentimientos, en nuestro cuerpo y en nuestro entorno.

Si con toda sinceridad reconocemos que hay algo que nos abochorna o que nos avergüenza en lo más íntimo de nuestro corazón y si allí nos encontramos, con que hay algo que definitivamente tendremos que cambiar y rectificar, es señal que necesitamos dar un paso hacia lo diferente, hacia la renovación del propio ser, o lo que en otras palabras se llama: hacer un camino de conversión una transformación radical.

Pero tal vez también nos percatamos de que cada una de nuestras vivencias, acciones y decisiones han dejado una huella y nos han ido configurando, aunque no siempre en la forma más deseable.

Es pues necesario estar dispuestos a dar un giro a la vida, a dar un cambio con respecto a todo aquello que nos obstaculiza en el camino y que no nos permite avanzar; o también, aquello que nos opaca y no nos deja resplandecer como Jesús en el Tabor.

Medita, piensa y analiza cuáles son los elementos que ameritan cambio en tu vida. ¿Consideras que necesitas un cambio de mentalidad y de valores?

Si eres tú de los que dicen: "Yo soy así, ¿para qué he de cambiar? Yo estoy bien, los demás son los que andan mal, que cambien los otros..."

Si esto dices, es que de verdad necesitas un cambio.

Actividad personal:

Haz una lista de lo que no te gusta de ti, empezando por lo físico.

Enumera lo que necesitas cambiar en tu persona y en tu vida.

13 RECONOCER PARA TRANSFORMAR

Si en nuestro recorrido hemos llegado a encontrar ese camino interior que nos introduce hasta nuestra más íntima realidad, allí donde podemos encontrarnos con la verdad de nuestra propia vida, ya estamos en condiciones de dar un paso más para descubrir las verdaderas realidades.

El que haya podido llegar hasta allí, hasta el centro de su "YO", tendrá la posibilidad de emprender el camino inverso, es decir: su conciencia podrá pasar por sus pensamientos y sus sentimientos como por un terreno conquistado, tomando en la mano las palabras y las acciones; será capaz de dominar el propio cuerpo y de influir sobre lo externo sin violencia.

Desde el principio he reconocido que este esquema es simple y que hay muchas otras implicaciones que cada quien podrá integrar, pero en este momento consideramos únicamente lo más elemental para ayudarnos a recorrer un camino: el camino hacia el milagro.

Por lo tanto hoy vamos a detenernos a considerar qué es lo que encontramos en el centro de nuestro ser.

Fuimos allí buscando la raíz, el centro o la esencia de nuestro "YO" y al encontrarlo hacemos acopio de fuerza y con toda nuestra sinceridad reconocemos:

¿Qué hay en mí?

¿Un "YO" encadenado, amordazado y sin vida?

¿Un "YO" empequeñecido, dependiente de los vientos que soplan?

¿Un "YO" podrido o enterrado bajo toda la basura que le hemos acumulado encima?

¿O un "YO" luminoso y brillante, hecho a ideales puros elevados, nobles y altruistas?

¿Un "YO" donde el Amor ha madurado y le ha permitido crecer, desarrollarse sana y robustamente?

Al hablar de amor aquí no se trata de esas pequeñas farsas o caricaturas que toman el nombre de amor y no llegan a ser ni su sombra.

Ahora bien, del reconocer objetivamente nuestra auténtica realidad interior o espiritual dependerá el éxito de un trabajo posterior, porque si bien es verdad que se necesita tomar en cuenta otros factores accidentales o circunstanciales que a menudo interfieren nuestro ser y hacer, también es verdad que la más genuina capacidad de autodeterminación podemos tenerla en nuestras manos si conocemos bien lo que somos, lo que queremos, hacia donde vamos y a qué meta queremos llegar.

Actividad personal:

Describe cómo podrías describir tu "Yo"

¿Y bajo cuántas capas puede estar?

Hoy es bueno repetir la oración de San Agustín:

"Señor, Dios mío, haz que me conozca a mí, para que pueda conocerte a Ti".

Cuando hemos tocado fondo y nos adentramos con toda sinceridad en los laberintos del "YO", a más de alguno le podría suceder querer salir corriendo asustado por lo que allí se encontró.

Porque, como hemos venido repitiendo, allí se da lo bueno y lo malo, lo mejor y lo peor, lo noble y lo vil, lo perverso y lo santo.

En la sinceridad de nuestro ser, reconocemos que no todo en la vida ha sido luminoso, que hay una buena parte de nuestro pasado que quisiéramos ocultar y olvidar, porque nos moriríamos de vergüenza si tuviéramos que ponerla al descubierto ante los ojos de los demás.

Al ir reflexionando nos dimos cuenta también que cada persona se va construyendo con sus acciones; buenas o malas, y que con ellas configura su personalidad.

Hemos podido constatar que la suma de todas nuestras acciones y vivencias forman ese pasado que llevamos a cuestas y con el cual inevitablemente caminamos hacia nuestro futuro.

Dentro de un proceso de conversión en donde queremos que la vida se vuelva nueva de modo casi milagroso, podemos darnos cuenta de que hay mucho de ese pasado que nos estorba.

Es todo aquello que deploramos, todo aquello que de buena gana quisiéramos cambiar, modificar o definitivamente borrar.

¿Qué hacer ante una situación semejante?

Afortunadamente, por gracia de Dios hay una forma de hacerlo.

El ser humano tiene la posibilidad de tomar en sus manos su propio pasado y por medio del arrepentimiento puede cambiar su sentido, su dirección y su significado.

En otras palabras: el arrepentimiento es el único camino para lograr modificar la vida.

Esta posibilidad maravillosa que Dios nos da para tomar en las manos nuestro pasado, reconstruirlo y renovarlo, es una oportunidad para decidir qué es lo que queremos conservar de ese pasado y desechar lo que queremos alejar.

Aquí nos encontramos con otra realidad divina de la que hablaremos más adelante y que es el "perdón". Veremos cómo Dios perdona y cómo nos invita a perdonar...

El pasado puede oprimir, envenenar y hasta destruir. Bueno, yo voy a la confesión y reconozco, lo digo y ya.

¿Es suficiente? No. Hace falta por lo menos arrepentimiento, y que también nosotros perdonemos, primero a nosotros mismos y luego... también a los demás.

Actividad personal:

¿Qué de mi pasado quiero llevar a mi futuro?

¿Qué quisiera olvidar definitivamente?

¿Qué de lo que no quiero, de lo que lamento, tengo que poner en las manos de Dios?

El arrepentimiento puede sanar, redimir, volver a dar vida.

El perdón nos ayuda a levantarnos y a seguir caminando.

Retrocediendo un poco en nuestras reflexiones, consideramos y nos planteamos con toda sinceridad, que aquello que deploramos y de lo cual nos arrepentimos, necesita el perdón porque el arrepentimiento no es cosa personal: yo conmigo, no es un asunto entre yo y yo.

Siempre hay otra persona ante quien expresamos ese arrepentimiento. Esa otra persona es la que debe decirnos la palabra del perdón.

Esa otra persona puede ser la que resultó afectada, si fue alguien a quien ofendimos personal o comunitariamente si es que nuestro actuar alteró el orden social. Pero en primer término, antes que todos los demás, está Dios, es Él quien definitivamente nos va a perdonar... pues no es propio del ser humano el perdonar. Esto es una prerrogativa de Dios.

Los humanos por nosotros mismos somos rencorosos, resentidos, coléricos y vengativos.

El oficio de Dios es precisamente éste: perdonar y perdonar; perdonar y volver a perdonar...

Pero Dios, que tantos dones ha concedido a sus criaturas primero nos perdona y luego nos ha dado también la facultad de perdonar.

De la misma manera que también tenemos motivos para perdonar a los demás y al propio yo.

Y es mucho lo que tenemos de qué pedir perdón a Dios, a nuestros hermanos, a los familiares más cercanos y a nosotros mismos.

Cada uno de nosotros puede decir: "Yo puedo otorgar el perdón porque Dios mismo me capacita para hacerlo, por su gracia".

Pero también puedo, con todo derecho, solicitar, en nombre de Dios, el perdón de otros.

El don del perdón está en manos de todos y es para todos, con una gratuidad y una recompensa: Dios mismo nos perdona.

Así como tenemos el permiso de Dios para perdonar a los demás, con la misma razón tenemos facultad para perdonarnos a nosotros mismos. Porque hay ocasiones en que Dios nos perdona, los demás nos perdonan y somos nosotros los que nos negamos a darnos el más elemental perdón.

Dios perdona con la más extraña y hasta con la más absurda magnanimidad, desinterés y largueza; pero tenemos que darle la oportunidad, dejarnos perdonar, y sobre todo, en nombre de Dios, perdonarnos a nosotros mismos.

Ahora bien, es engañoso pensar que quien se excusa, se defiende, o echa su culpa a otro, es porque se ha perdonado. No, no necesariamente; eso puede brotar de la superficie, de la simple palabra, del sentimiento o del orgullo herido.

Pero quien se arrepiente, ése sí da muestras de estar en el camino de todos los perdones....

El arrepentimiento unido al perdón abre paso a la reconciliación...

Actividad personal:

¿Qué tengo que perdonar a otros?

¿Que necesito que me perdonen?

¿Sé perdonarme a mí mismo?

Una puerta abierta hacia el futuro.

Después de haber considerado el valor salvífico del arrepentimiento, y cómo por el amor se nos concede el Perdón, el siguiente movimiento será de la reconciliación.

Re-conciliar es volver las cosas a su antiguo cauce, donde estaban inicialmente, en armonía, en buena relación.

El perdón es la gran oportunidad para la reconciliación. Especialmente para la reconciliación con Dios, que es la más importante y necesaria; porque en las relaciones interpersonales, muchas veces no se sabe quién ofende a quien. A menudo las ofensas son mutuas y cuando la persona se siente herida, en vez de borrar la ofensa, se le añade una más.

Pero en la relación con Dios, sólo hay un ofensor y un ofendido, porque de parte de Dios sólo amor recibimos.

Por eso Dios nos da su perdón incondicional a condición de que arrepentidos, abramos el alma para recibir su amor.

Sólo desde el Amor se puede perdonar, por eso sólo el Amor salva y redime; pero sólo el amor de Dios salva y redime total, entera y definitivamente.

Muchas, muchísimas cosa más se podrían decir, analizar y comentar acerca del perdón y de la reconciliación, pero cada quien puede meditarlos personalmente con mayor hondura.

Hoy lo que nos interesa es poner en claro y descubrirlo estos aspectos como un Don gratuito de Dios que nos da la posibilidad de empezar una nueva la vida como el primer día, ya que desde el perdón se nos da la posibilidad de volver a vivir y la reconciliación nos da la oportunidad de reanudar una amistad, de reconstruir lo que destruimos y de dar la posibilidad al Amor para que germine y fructifique en el corazón.

Actividad personal:

Consideremos *el valor reconstructivo y restaurador del arrepentimiento que en un momento de gracia puede cambiar todo el giro de nuestra vida y empezar lo que ni siquiera habíamos pensado que podríamos intentar.*

Por hoy medita y escribe tu reflexión:

Hay dos palabras pequeñitas como la flor del campo, pero peligrosas como terrible áspid.

Sus dos mínimas letras son capaces de atar al más rebelde y de llevar a cualquiera a los lugares más difíciles e insospechados.

Un SÍ dicho desde el corazón, tiene resonancias que perduran para siempre.

Un NO pronunciado en un momento de irreflexión puede ser más desastroso que un ciclón.

Un SÍ consiente y libre se transforma en un par de alas que elevan y pueden llevar al cielo.

Un NO dicho a tiempo puede liberarnos de un lastre que hasta ahora nos había impedido levantarnos y empezar a vivir plenamente.

Todo aquel que deja escapar de su corazón y de sus labios una de estas palabras mínimas, queda atrapado en ella, porque aunque pequeñita, es una palabra de consecuencias incalculables, impensadas...

Así pues, en el momento en que encontramos algo que deploramos, podemos decirle "NO" y quitarlo de la órbita de nuestros afectos.

De la misma manera que podemos decir "SI" a lo que queremos como ideal es definitivo.

Es lo que va a marcar la dirección de la vida.

A este respecto podemos considerar las palabras de San Pablo: "Siento en mí mismo dos fuerzas, una que me arrastra al mal, y otra que me invita al bien, y aunque quiero el bien, muchas veces hago el mal que no quiero y no hago el bien que sí quiero". *Carta de san Pablo a los Romanos 7, 15-19*

Desde esta perspectiva es posible afirmar que, aunque algunas veces se nos rompa el plato que llevamos en las manos, lo válido es que en el centro de nuestro ser, llevemos la decisión de un ideal: limpio y resplandeciente.

Cuando decimos "no" al destrozo que hemos causado con nuestra conducta, y avanzamos llevando como guía nuestra intencionalidad, en la forma más recta y positiva; estamos ya en el sendero donde es posible todo lo bueno y lo mejor de la vida.

Por eso, frecuentemente también la grandeza de una persona consistirá en que tenga la valentía de decir ese "NO" definitivo a su pasado. Incluso entre los santos vemos que hubo algunos que empezaron su camino de ascensión con un viraje en U que les modificó la vida radicalmente.

Cuando se ha dado este paso, ya existe la posibilidad de la liberación.

Actividad personal:

Escribo cuál es mi SÍ,

y cuál es mi NO

18 LIBERACIÓN

En una página del Evangelio vemos a Jesús arrojando a los vendedores y hablando de que destruyan el templo y Él promete reconstruirlo en tres días.

Lo más interesante es que hoy nos fijemos, no tanto en lo externo de los hechos, sino que consideremos más bien, la actitud de Cristo Jesús como un hombre libre que sabe lo que hace y por qué lo hace, que sabe lo que quiere y por qué lo quiere y sabe como hacer las cosas y siempre las hace bien.

La liberación es el premio que logra la persona que se ha convertido, porque ha sabido dar el paso hacia lo nuevo y ha dejado a un lado todo lo que le estorba para caminar por la vida.

Es bueno meditar a fondo este tema tan importante para la vida.

Consideraremos primeramente de qué y cómo liberarse, la forma en que podemos lograrlo y las ventajas que una auténtica liberación nos proporciona.

Los mandamientos, tal como fueron presentados al pueblo de Israel en el Antiguo Testamento, hoy nos parecen imposiciones, rejas, muros, trabas a la libertad; sin embargo, para ellos eran el camino hacia la liberación, los rieles por donde podían no sólo caminar, sino correr y casi volar...

Pero cuando consideramos el Mensaje de Jesús nos damos cuenta de que Él considera que cumplir bien con esos mandamientos es una etapa, luego la persona puede "despegar" y emprender vuelos más altos teniendo un único y supremo "mandato": El Amor.

La persona que llega a asumir libre y voluntariamente las normas como si ella misma hubiera impuesto las reglas del juego, no le cuesta cumplirlas porque tiene claro que es para un mayor bien personal y social y en ello va encontrando una libertad desconocida e inexplicable.

Y esto se extiende a cualquier tipo de normas, reglamentos o disciplina que tengamos que cumplir, porque en la familia, en el trabajo o en cualquier medio en el que nos desenvolvamos, siempre va a existir la necesidad de respetar ciertos linderos que representan los derechos de los demás, y que para cada uno de nosotros se traducen como deberes...

Pero aún nos falta mucho para llegar a la verdadera libertad. Tenemos todavía que desenredar algunos aspectos humanos, antes de llegar a esos planos en donde nuestras hebras humanas se entrelazan con los hilos divinos de Dios.

Y va por partes, no hay prisa...

Actividad personal:

¿En qué circunstancias o momentos me siento verdaderamente libre?

¿Qué es lo que inhibe, obstaculiza o coarta mi libertad?

19 ¿DE QUÉ Y POR QUÉ LIBERARME?

Es muy probable que al entrar en estos terrenos en donde ya nos adentramos en lo espiritual nos vayamos sintiendo como en un callejón sin salida, sin saber por dónde y para donde vamos.

No es ni lo último ni lo más grave. Lo peor sería que reconociendo nuestra realidad, prefiramos seguir en ella sin hacer nada por cambiarla.

Lo que pasa en estos casos es que a través de la vida hemos acumulado tantos detalles que nos condicionan y nos estorban y que llegado el día en que queramos avanzar por otros caminos, nos vemos en la imperiosa necesidad de liberarnos.

Pero primero hay que poner en claro: ¿De qué necesito liberarme? Porque ciertamente no se trata de echar por la borda todo, o como dicen: tirar el niño junto con el agua de la tina.

La respuesta es fácil: "De todo lo que ensombrece la vida"

¿Para qué voy a liberarme? Desde luego hay que tener una finalidad: Libre, libre de... y libre para...

En nuestro caso queremos la libertad para lograr un cambio dentro de nuestro camino existencial de Conversión.

El que está libre es capaz de todo; nada es imposible para una persona libre, puede hacer cualquier cosa buena o mala, libre para el bien o para el mal; para lo que quiera, pero es necesario que nos demos cuenta cuáles son los caminos que vamos a querer recorrer.

La persona libre y liberada tiene abiertos ante sí el cielo y la tierra. Por lo tanto puede elegir su camino.

Nos hemos acostumbrado a oír que el camino del mal baja, y el del bien sube… En esa dinámica, el que opta por el mal, va a pique y tarde o temprano se estrella contra sus mismas maldades.

En cambio el que opta por el bien, tiene ante sí un espacio infinito, sin límites.

No obstante, es muy importante, reconocer que ese ascenso no se puede realizar con las propias fuerzas, se necesitará ayuda.

Por la fe, tenemos la ayuda directa de Dios que le encamina hacia lo que ni siquiera antes habíamos imaginado.

Con esta ayuda superior que hará fácil y posible todo lo bueno y lo mejor, el camino del bien no tiene obstáculos, porque al que opta por la fe, todas las puertas se le abren y de allí en adelante está el horizonte ilimitado de lo infinito.

En cambio el que opta por el mal se mete en un callejón sin salida que desemboca inevitablemente en la muerte.

Después de estas consideraciones podemos darnos cuenta de que la libertad no tiene nada que ver con el dejarnos llevar por donde soplan los vientos o dejarnos arrastrar por la corriente, ni mucho menos avanzar desbocadamente en pos de nuestros impulsos.

Actividad personal:

Continuamos reflexionando en los aspectos más concretos de la liberación.

Ver si en nuestro interior donde se da lo más verdadero está libre de la falsedad que domina el mundo.

Por hoy vamos a repetir :

"Oh Señor, enséñame a vivir la verdad que me libera"

En el contexto de estas reflexiones, llegamos a darnos cuenta de que hay realidades muy nuestras, que habitan en nuestro ser y que influyen mucho en nuestra vida.

En momentos de máxima sinceridad hemos reconocido que muchas de estas realidades nos avergüenzan y quisiéramos borrarlas de nosotros mismos.

Hemos visto también, en las reflexiones pasadas, cómo es posible hacerlo y cuál la forma más eficaz para liberarnos de todo cuanto ensombrece la vida, de todo lo que le resta calidad, brillo, o a veces hasta la enturbia y la envenena.

Esto que en la Biblia se llaman ídolos o demonios, y que no son sino nuestras pasiones, instintos desordenados, no controlados o mal encaminados.

Para alguno será el becerro de oro, el tener y querer conseguir más y siempre más... el afán de brillar o de sobresalir a costa de los demás, o el insaciable sexo sin responsabilidad y sin control.

Para quien quiera hacer un serio examen de su vida y ver cuáles son esos obstáculos que le impiden vivir en plenitud, pueden echar mano de una guía sencilla que no por antigua es menos válida.

Los llamados "Vicios –o tendencias– Capitales" engloban y contienen las más fuertes inclinaciones humanas al mal. Ellos son: *Soberbia, *Envidia, *Ira, *Avaricia, *Lujuria, *Gula y *Pereza.

Desglosando y analizando muy detenidamente uno a uno, veremos cuál es el que predomina en nosotros, porque siempre hay uno de esos impulsos que sobresale, y del cual procede en nosotros todo lo demás.

Si tenemos la valentía de tomar por el cuello a este idolito, todos los demás, se pondrán más sumisos y dispuestos a obedecer.

Lo malo es dejar que sea el instinto, la tendencia o el "vicio capital" quien dirija y mande, entonces encadena a la conciencia y de allí en adelante ya no hay mucho que hacer...

Los antiguos griegos relataban la historia de Hércules que se enfrentó a un ser mitológico de siete cabezas llamado "Hidra"... él tenía que aplastárselas una a una, pero una se esas siete cabezas era inmortal, esto es, que por más golpes que le diera, siempre estaría más viva y fuerte que nunca. Sólo la voluntad pudo encadenarla y salir triunfante, porque hizo un hoyo profundo y enterró allí la cabeza inmortal..

Pero ojo, hay que tener bien en claro que al hablar de una liberación de nuestras "fuerzas capitales", no vamos a destruirlas, en primer lugar porque es imposible, en segundo lugar porque nos destruiríamos a nosotros mismos; lo que vamos a hacer es a reconocerlas y a dominarlas, a domarlas y a tomar la guía por medio de la voluntad para que la vida camine por donde "yo quiero" y no por donde otros me llevan.

Actividad personal:

Analiza a fondo las tendencias capitales,

¿cuáles reconoces en ti y

cómo influyen en tu vida?

¿Consideras que puedes liberarte por ti mismo o necesitas la ayuda divina?

El miedo es como un fantasma que amenaza toda la existencia y a veces la encadena hasta el punto de paralizarla.

El miedo a la muerte, es por lo general, el más imponente, pero el miedo a la vida no lo es menos.

Es preciso analizar y deslindar lo que son temores fundados e infundados, y lo que son verdaderos miedos. Esos de los que hay que deshacernos y liberarnos.

No se puede vivir sin temor alguno; sería temeridad, a veces necedad, un cierto respeto a las leyes y normas de la naturaleza. Nadie puede decir: "Me lanzo desde un quinto piso, al fin que yo no tengo miedo ni temor alguno..."

Generalmente el miedo podemos tomarlo en las manos, desarmarlo como se desarma un reloj; después de analizar cada una de sus piezas y cuando nos darnos cuenta de cómo funciona y dónde está el meollo de su tic-tac, ya no puede hacernos nada, ya sabemos su truco y no nos podemos dejar engañar de nuevo por su falsedad.

En fin, cuando hayamos podido dejar de lado nuestros miedos esclavizadores y paralizantes, podremos abocarnos a manejar nuestros temores fundados, y ver que los infundados no tienen poder alguno de dañarnos; y que los que sí tienen una base de fundamento es fácil meterlos bajo control.

El miedo no está en el "YO", está en los pensamientos, en la mente, o sea en uno de los estratos más externos.

En el "YO" la conciencia puede mirar la realidad con objetividad, y reconocer límites y posibilidades, a esto se le llama "humildad", y es una actitud tan sana como constructiva.

Lo malo es que a veces deterioramos los términos, y a la humildad se le ha dado significados tan peyorativos que cuando escuchamos esta palabra, nos parece evocar algo que suena a servilismo, apocamiento, debilidad... que llevan a arrastrarse por el polvo.

Nada más erróneo y falso. La humildad es la capacidad para poder mirar el propio "YO" sin anteojos de aumento, y sin empequeñecerlo; es la capacidad de reconocer en nosotros la verdad sin reducciones ni tergiversación.

Desde esta perspectiva, cuando podemos mirar de frente la realidad interna de nosotros mismos y reconocer también objetivamente todas realidades externas que nos rodean, entonces ya no hay miedo que tenga poder sobre nuestra persona.

Actividad personal:

Sería bueno empezar reconociendo:

"A qué tenemos miedo".

¿Cuáles son mis miedos y mis prejuicios y en qué grado me esclavizan?

¿Recuerdas algún momento en el cual has sentido miedo? y

¿Cómo te has liberado?

Haz memoria de los prejuicios que te atan y no te dejan ver más lejos.

Es muy evidente que uno de los más grandes obstáculos en la vida humana para su liberación es el miedo.

Y podemos constatar que si el miedo tiene una influencia muy fuerte en la persona, es únicamente porque es "humano".

Pero en el ser humano existen también otras fuerzas elementales y potentes y una de ellas es la Fe.

El miedo está en la mente y se vence con la fe.

Con la fe se pueden hacer milagros, Cristo mismo decía a sus discípulos que "el que tuviera una fe del tamaño de un granito de mostaza, podría hasta mover montañas".

Pero tenemos que darnos cuenta de que existen diversas clases de fe, diversos niveles y diferentes formas de asumirla y de vivirla.

Desde que nacemos nos encontramos inmersos en la fe. Sin fe nos sería imposible vivir.

Primero creemos a nuestros padres: creemos que nos aman, que nos procuran lo mejor, que nos ayudan a crecer y a desarrollarnos, que nos alimentan y nos enseñan a caminar por este mundo...

Andando el tiempo, nos vamos a dar cuenta de que tal vez, ni lo que nos dieron fue lo mejor, y que en su afán de educarnos cometieron verdaderos y enormes errores. Eso ya será un posterior trabajo personal: decidir qué es lo que queremos conservar de nuestro pasado.

Pero mientras tanto, al ir dando nuestros primeros pasos, necesitamos apoyarnos en esa fe elemental para poder ir adelante.

Después vendrá la escuela y luego las relaciones interpersonales, y más tarde el amor. En todos estos ámbitos necesitamos de la fe natural y humana: fe en nuestros maestros y médicos; en nuestros compañeros y amigos, en nuestro cónyuge e hijos...

En nuestro convivir social, en la vida política, en todo, hace falta la fe. Dicen los pensadores: "pobre del pueblo que ya no cree en sus gobernantes..."

Pero en el ámbito espiritual, donde la fe es un "don" que se nos da por "gracia", o sea, gratuitamente, es donde adquiere dimensiones ilimitadas y eternas. De aceptarla y vivirla dependen muchas de nuestras mejores vivencias y realizaciones.

Con la fe nos salimos de la jugada que nos ocasionan los sentidos, los afectos y los pensamientos pesimistas, negativos y oscuros, y nos encarrilamos en la órbita de Dios donde hay una cierta luz que nos permite ver las cosas con otra perspectiva.

Y aquí, también tendremos que reconocer que el único antídoto que contrarresta el miedo es la "fe".

Y para no abundar sólo podemos terminar diciendo que nadie, nadie puede vivir sin fe. El que no cree en Dios acabará creyendo en ídolos, en brujos, en hechicerías, amuletos, talismanes, fantasmas, etc.

Actividad personal:

Pregúntate con sinceridad:

¿Cómo es mi fe? ¿En qué o en quién he puesto mi fe?

Repite muchas veces hoy:
Señor yo creo, yo quiero creer.
Ayuda mi poca fe y
dame Tú la fe que me falta…

De un tiempo acá nos han venido invadiendo ciertas teorías orientales de tipo espiritual, que sin duda son muy valiosas en algunos de sus aspectos, lo malo es que no nos es fácil aplicarlas en forma radical y definitiva porque nuestra mentalidad es diversa y en cierta forma se quedarían al margen de nosotros mismos.

Pero sí han servido para ayudarnos a explicar temas trascendentes que en algún momento necesitamos clarificar, o para explicarnos esos interrogantes que nos inquietan o nos atrapan. Estos nos dicen que todo el sufrimiento proviene de los deseos –¿insatisfechos o imposibles?– y de los apegos. Aquello a lo que nos apegamos nos ata. Y si nos ata, no nos deja caminar, ni mucho menos volar.

No es nada nuevo, ya habíamos oído decir que el camino de la libertad es la pobreza y que Cristo Jesús quiso ser pobre para enriquecer al ser humano; y que Dios ama y prefiere a los pobres…

Esto no nos dice mucho o a veces de primer intento lo rechazamos porque confundimos los términos. Oímos hablar de pobreza y nuestro pensamiento va enseguida a esa carencia de lo indispensable, que mejor puede llamarse "miseria".

Pobreza en sentido evangélico se refiere más bien al desprendimiento de los bienes, al uso racional de las cosas y la disposición de compartir con los demás aquello que tenemos en las manos. Aquí no se trata de cuánto tienes o cuánto te falta; sino más bien de cuánto deseas, cuánto acumulas y cuánto apego tienes a tus cosas, posesiones, ideas o estructuras.

Se trata también de poner en claro cuánto envidias de lo que otros poseen, y cuánto estás dispuesto a dar de lo tuyo a quienes lo necesitan más que tú.

Hay personas que tienen mucho y no están apegadas a nada, en cambio hay personas que tienen un sólo clavo y en ése han puesto su corazón y la razón de su vida.

Muchas veces el apego no es tanto a cosas, sino a mi propio "YO", a mis ideas, y sentimientos. Esto es lo que se llama egoísmo.

Analizar los apegos es otra de las puertas hacia la libertad; pero también en este renglón tenemos una llave mágica para abrir estas puertas liberadoras. Es la voluntad la que puede librarnos del apego a las cosas, a las personas y aún a nosotros mismos.

Quien dice: "Sin esto, me muero", es que ha puesto su fe y su confianza en cosas materiales que nunca podrán llenar la vida.

En cambio, quien sabe que lo que tiene lo tiene prestado para poder realizar mejor la labor que le ha sido encomendada en la vida; el día que aquello se derrumba o se acaba, encuentra alegría, felicidad y realización en otras cosas nuevas que se le darán a manos llenas, en la medida que le sean útiles y convenientes.

Las cosas van y vienen, el dinero rueda, pero el apego está enraizado en el corazón y ése sólo la persona misma puede arrancarlo para emprender el camino hacia la libertad.

Actividad personal:

Si tuviera que irme lejos ¿qué me gustaría llevar?

¿Qué me dolería dejar?

¿A qué o a quiénes siento que tengo apego?

Imagina que estás ante un tesoro, puedes tomarlo, pero no podrás quedarte con él. Tendrás que entregarlo a otros a quienes les hace más falta…

Si para volar nos conviene liberarnos de todo lastre material que nos impide elevarnos, con cuánta mayor razón tenemos que luchar para liberarnos de ese cúmulo de rencores y de odios que tanto impiden la libertad interior.

La memoria es una de las facultades humanas que, bien encauzada produce una serie de beneficios en muchos aspectos vitales.

Aquí se encuentra la raíz del aprendizaje y de la experiencia que tanto ayudan crecer a la persona y le dan la posibilidad de atesorar sabiduría.

Pero la memoria puede ser también nociva en algún momento si no permitimos que la voluntad dé cauce a lo que queremos conservar en dicha memoria.

Si la memoria se asocia con la razón, entonces puede ayudar muchísimo; pero si se alía con el sentimiento es capaz de gastarnos muy malas jugadas.

Entonces surgen los rencores, los odios y las palabras lo reafirman: "Perdono pero no olvido"

Perdonar y olvidar; estamos moviéndonos al nivel del sentimiento y además lo reforzamos con la memoria, y entonces se crea una bomba de tiempo que nos va a ser difícil controlar.

La memoria se nos ha dado para recordar, pero tenemos también la posibilidad de olvidar.

Lo que pasa es que a menudo lo que vamos dejando acumular en la memoria es tan sólo el sedimento cochambroso de lo más negativo, de aquello que nos ha ofendido o dañado, y conservamos el rencor y luego lo dejamos que degenere en odio o en cosas peores que no nos permiten vivir en la libertad.

En cambio el sentimiento bien encauzado se orienta hacia el amor, un amor grande, limpio, sin barreras ni límites; un amor de la calidad y el estilo del que Cristo Jesús nos enseñó con su vida y ejemplos.

Actividad personal:

Este día es para analizar tus sentimientos de que calidad son, hacia dónde van tus pensamientos cuando no tienes ocupaciones envolventes.

Mira si en ti predomina el rencor, la agresividad o el odio; o si caben en tu ser la benevolencia, los sentimientos de misericordia y de perdón.

¿Hay en mi corazón algo que me duele, o que no puedo olvidar?

¿Por qué Jesús dejó como único mandamiento el amor?

Hasta aquí, hemos transitado por senderos casi exclusivamente humanos, únicamente tocamos ámbitos divinos en temas en los que era definitivamente imposible eludirlos, como la fe y el perdón, que no tienen origen en la naturaleza humana, sino que provienen de Dios, y siendo prerrogativas divinas, al ser humano se le dan como "gracia".

Desde este momento, y de aquí en adelante, vamos a avanzar en nuestro camino, intentando enchufar nuestra vida en la vida de Dios, ya que este es el único camino que nos conduce al milagro.

Las reflexiones que hicimos teniendo como plataforma un poco de introspección para llegar a la autenticidad humana, ahora se proyectarán en forma de oración para salir de nosotros mismos y abrirnos hacia el espacio abierto e ilimitado de lo divino.

Ahora bien, decíamos que en la vida es frecuente la opción, pero la opción en aspectos fundamentales transforma definitivamente la direccional de la vida...

En algún momento hablamos de la opción radical entre el bien y el mal. Ahora tenemos que optar por vivir nuestra vida: con Dios o sin Dios.

Si optamos por Dios, se dará todo lo maravilloso y hermoso, no como algo mágico, sino porque la decisión que se tome será por sí misma maravillosa.

Por eso ahora vamos a empezar a transitar en senderos en los que lo divino predomina, en terrenos en que lo espiritual se da como parte integrante del ser humano.

Aquí podremos hablar de temas que se adentran en el terreno inexplicable y tal vez oscuro, pero al mismo tiempo inconmovible y firme de la fe.

Podremos hablar de realidades intangibles, de verdades eternas, y hacer referencia al Espíritu Santo que vive entre nosotros, con nosotros y en nosotros como un perenne milagro actuado desde los tiempos por Cristo.

Actividad personal:

Es bueno hoy leer completo el texto: (Jn. 3,1-21). Luego sacar las propias conclusiones:

En este Evangelio se presenta Jesús hablando con Nicodemo...

Ponte en el lugar de éste y dialoga con Jesús. Escucha lo que te dice... (si quieres escribe).

Optar por la vida con Dios, equivale a salir de nuestro cómodo nido para empezar a transitar un sendero tan vasto como desconocido e infinito.

Todo ser humano que tenga vivo el ideal, o que se haya encontrado alguna vez con la autenticidad de su ser, invariablemente elevará sus ojos a lo infinito buscando el origen y la razón de su existencia tratando de descubrir su lugar en el armonioso conjunto de todo cuanto existe.

Por eso, todos los seres humanos de todos los lugares y de todos los tiempos han descubierto en sí mismos ese sentir que le impulsa y que es, al mismo tiempo, necesidad de adorar, de reconocer y dar gracias a un Ser Superior de quien sabe depende: El Creador de donde procede toda vida.

Pero en ese camino, el hombre iba como a tientas, en una búsqueda a ciegas, a veces errónea… hasta que Dios mismo le tiende la mano y se revela.

Hay una certeza que Dios mismo nos da: Él quiso venir a nuestro encuentro y revelarse a nosotros para que pudiéramos encontrarle.

A través de la vida, cada ser humano se constata que sólo llega a la madurez, después de haber dado respuesta a los interrogantes primigenios: ¿Quién soy? ¿De dónde vengo? y ¿A dónde voy? Después se mueve en una doble dinámica: ¿Cómo puedo ser perfecto? ¿Cómo puedo encontrarme con Dios?

El ser humano bien enfocado aspira a lo más alto, a lo perfecto. Pero ¿Qué hombre hay que pueda realizar en sí mismo todas las perfecciones? Sólo Jesucristo fue el hombre perfecto, en el que se han dado todas las cualidades que todos soñamos y a las cuales aspiramos.

Dice un pensador moderno que Jesús fue tan humano y tan perfecto que sólo podía ser Dios. Por eso en Jesucristo podemos encontrarnos con Dios.

Lugar y persona de encuentro. Dios se hizo hombre para que allí pudiéramos encontrarle. Él nos dio de parte del Padre un "mensaje", y este mensaje es su persona misma.

Una persona de infinita perfección en el cual se puede integrar toda vida humana y allí, con Él y en Él realizar toda su perfección. Porque nosotros estamos en el camino: Nadie ha llegado a la perfección absoluta; sólo al que lo intenta con sinceridad, y permanece fiel en esa senda, un día, el menos pensado, el Señor mismo sale al encuentro, y le toma de la mano al decirle: "has llegado".

En Jesucristo tenemos una persona en la cual podemos proyectarnos hacia lo eterno, hacia lo definitivo y lo santo.

Por su gracia Él nos lo permite, ya que precisamente Dios se hizo hombre para que el hombre pudiera ascender a lo divino.

El hecho de internarnos en esta meditación, pareciera que empezamos a salir de las realidades humanas, pero en las próximas reflexiones vamos a intentar aterrizar sin estrellarnos, porque precisamente por eso Dios vino a habitar entre nosotros y con nosotros...

Actividad personal:

¿En qué momentos te acuerdas de Dios?

¿Está ausente en tu vida y sólo lo invocas en momentos difíciles, de dolor o de angustia?

Recuerda y anota algún hecho en el cual Dios se hizo muy presente en tu vida.

Para conocer la persona de Cristo el camino más corto, si no el único, es el Evangelio.

En el Evangelio encontramos la Palabra viva y el mensaje de Cristo; allí encontramos su persona misma que se revela a través de ese mensaje.

En esas páginas vamos descubriendo qué piensa, qué dice, que le gusta, que ama...

Y en esos mismos criterios podemos traducir las preferencias y los amores de Dios.

El Evangelio es una parte de la Biblia, los cuatro primeros libros del Nuevo Testamento.

El Evangelio es un libro sencillo, pero al mismo tiempo está cargado de sabiduría. Muchas personas, hombres y mujeres, a través de estos siglos lo han tomado como norma para su vida, y en Él han encontrado la máxima plenitud.

Al leer el Evangelio con sencillez de corazón como "una carta escrita especialmente para mí", empezaremos a conocer a Jesús, y conocer profundamente a Jesucristo significa empezar a identificarse con Él, a vivir su misma vida por medio de la Gracia, y a realizar las mismas obras que Él hizo durante su vida terrena.

Y decimos que por "gracia", porque esto no es algo que nosotros podamos hacerlo con nuestros medios ni con nuestras fuerzas, aquí es donde empieza a actuar Dios y nos lo da como don, como regalo; como algo gratis: por eso es gracia.

Al querer nosotros vivir injertados en Él, Él mismo nos sale al encuentro y es Él quien viene a vivir en nosotros y a continuar su obra salvadora por medio de cada uno de aquellos que quieran prestarle sus manos, su palabra y su acción.

Así pues, en estas circunstancias, no será nada extraño el milagro en tus manos, ni la palabra de salvación en tus labios.

Muchas veces ni tú mismo sabrás de dónde provienen las cosas que dices, cosas extrañamente hermosas que nunca habías ni siquiera pensado antes.

Nada, no es cosa del otro mundo, basta abrir las páginas del Evangelio y leer así, sencillamente, con el corazón abierto, dejando que cada palabra llegue hasta las fibras más hondas del "YO".

Si has hecho un camino de apertura y de liberación, aquellas palabras van a ir resonando como una melodía ya escuchada o presentida desde mucho antes, o como un poema que estaba dormido allí en lo más íntimo del ser y que por un estímulo divino empieza a despertar.

Lee el Evangelio, no te arrepentirás, pero léelo con sencillez, con devoción y con fe.

Todavía nos falta camino, y en las próximas reflexiones vamos a ahondar un poco acerca de algunos aspectos interesantes que nos permiten un verdadero acercamiento al Jesús del Evangelio y es sorprendente lo que allí, con Él, podemos encontrar.

Actividad personal:

Anoto lo que más me llama la atención con respecto a la persona de Jesús.

¿Podrías dar una conferencia acerca de su vida y su obra?

¿Alguna experiencia de vida te hace pensar en Jesús?

Lee, o vuelve a leer atentamente el Evangelio.

Las palabras de Cristo Jesús son reveladoras, aunque muchas veces tenemos que bucear en ellas para encontrarles el sentido profundo de lo que dicen y lo que quieren decir...

Hoy nos fijamos en una frase sumamente significativa que encontramos en el Evangelio de san Juan 14,6 Jesús dice:

"Yo soy el Camino, la Verdad y la Vida".

Aquí encontramos la clave acerca del por qué muchas preguntas humanas encuentran su respuesta en Él.

Vamos a ir analizando por partes esta afirmación.

Jesús dice: "Yo soy el Camino". Desde luego que no se trata de un senderito mediano que nos lleva a sitios intranscendentes o muy conocidos.

Jesús es el Camino por donde hemos de recorrer la vida si queremos llegar a la meta con felicidad.

Pero, ¿cuál es nuestra meta? ¿A dónde queremos ir?

A donde Jesús nos está invitando es a llegar a la "casa de nuestro Padre Dios" para vivir con Él para siempre y por toda la eternidad.

Jesús mismo es ejemplo y guía, el modelo que invita a seguirle.

Él ya recorrió ese camino, por eso su promesa es garantía segura de llegar a buen fin, desde luego se requiere de nuestra parte una voluntad decidida de seguirle, de escucharle, de aprender sus enseñanzas y de conformar nuestra vida a sus exigencias, que no son muchas ni malas, antes bien, en el compromiso con Jesucristo vamos a hallar más alegrías que tristezas, más realizaciones que frustraciones, más certezas que decepciones.

Es cierto que a veces nos fijamos mucho o ponemos el énfasis en aquello que supone renuncia o negación, pero no nos fijamos en que lo que estamos eligiendo es un bien mayor...

A veces parece que somos como un niño que no quiere renunciar a su bicicleta aún cuando le están ofreciendo un carro...

En la vida y el mensaje de Jesús está implícito un programa de vida práctico y accesible para todos los seres humanos de todos los lugares del mundo y de todos los tiempos.

Actividad personal:

Define y escribe cuál es tu meta en la vida.

¿Crees que las palabras de Jesús son actuales y aplicables en nuestro contexto actual?

¿Nuestro mundo mejoraría si pusiéramos en práctica sus enseñanzas?

Sigue leyendo el Evangelio...

29 JESÚS ES LA VERDAD

La búsqueda de la verdad ha sido un asunto candente en el ánimo de todos los seres que han pasado por este mundo a través de los tiempos.

Muchos pensadores, han emprendido en sus reflexiones una búsqueda incesante e incansable de lo que es la verdad objetiva y hay también algunos que a veces se han extraviado por no dar con lo acertado.

Y todos nosotros mismos tenemos la cruda experiencia de un anhelo profundo de verdad, y al mismo tiempo llevamos incrustado el dolor de nuestra propia vida falseada, o al menos nuestra falta de valor para enfrentarnos a la realidad, nuestra infinidad de máscaras, tras las cuales intentamos ocultarnos y defendernos.

Y Jesús se presenta con toda la naturalidad del mundo diciendo:

"Yo soy la Verdad"

Una verdad que no engaña, que no falla, que no confunde, que no engaña, que no miente...

Jesús es la última y suprema verdad, la síntesis de todas nuestras verdades fragmentarias, y el complemento de nuestras verdades a medias.

Y mientras tanto, nosotros nos devanamos los sesos buscando unir el rompecabezas de la vida, o tratando de descifrar los misterios de la naturaleza o de la ciencia y pretendemos explicaciones hasta de lo no explicable.

Pero Él está siempre allí, ofreciendo su Palabra y su Vida como la única Verdad que salva, que libera, que llena la vida de plenitud y de felicidad.

El día en que lleguemos a comprender esto miraremos el mundo y la vida con verdadera claridad, con la certeza de quien alzar la vista y contempla un cielo abierto, intensamente azul y ninguna duda.

Conocer a fondo la Verdad que el Señor Jesús nos muestra no será entender y llegar al fondo de los misterios escondidos de la ciencia y el cosmos; será más bien comprender nuestro propio ser ubicado en un lugar definido del maravilloso rompecabezas de la creación.

Entonces ya no será preciso preguntarnos el por qué y el para qué de nuestra existencia y de nuestro pasar por este mundo. La luz divina que todo lo ilumina es la que dará claridad a nuestra mente y a nuestro corazón tranquilizando toda inquietud y eliminando toda duda.

Actividad personal:

¿Cómo consideras a Jesús?

¿Un ser histórico, del pasado o una persona presente, que sigue influyendo en el mundo y la vida?

Sus teorías ¿son obsoletas, o son vivas y actuales todavía?

Descubre en el Evangelio lo medular de sus enseñanzas.

"Yo soy la Vida"

En esta palabra podemos enraizar la totalidad de nuestro ser y darles proyecciones divinas que se orientan hasta lo infinito.

La Vida plena que todos queremos es la que desesperadamente buscamos y que quisiéramos atrapar para que no se nos escape.

La vida que se vive a distintos niveles, en ocasiones sólo en lo material y humano, o elevándola más alto, puede llegar a esos planos superiores donde se conecta con lo divino.

Y Jesús nos comunica su vida misma para que se proyecte en nosotros por medio de la Gracia y a través de medios muy tangibles, como son los sacramentos.

Pero ¡cuidado! que lo más santo y divino puede quedarse en la superficie y desvanecerse inútilmente, si nosotros no le permitimos llegar hasta el más íntimo santuario de nuestro corazón.

O también podría quedar estéril si los tomamos como algo mágico y automático que actúa por sí mismo sin que nosotros le pongamos de nuestra parte esa voluntad de participación que es necesaria, es decir, que le prestemos nuestra alma.

La vida divina se puede comunicar a cada ser humano por el mismo hecho de que el Señor Jesús tiene en sí mismo la vida, es dueño de ella y puede darla en abundancia a todos aquellos que quieran recibirla. Más aún, ese es su deseo principal, que todos lleguen a beber en la fuente se su vida, para que nadie perezca de sed, para que nadie se vaya de este mundo sin saber que Dios le ama, que Cristo Jesús lo ha dado todo, incluso a sí mismo para mostrarnos su infinito amor.

Es en esta dinámica de amor y de vida donde se encuentra la plenitud, donde se llega a entender por qué Jesús dice que Él es la Vida, y por qué pone el amor como el único y supremo mandamiento.

El amor llega a su plenitud cuando se vuelve caridad, o sea la máxima expresión de donación y de entrega desinteresada y fiel...

Actividad personal:

¿Es Jesús una persona con la cual puedes hablar, comunicarte, compartir inquietudes?

¿Sus palabras tienen influencia en tu vida?

¿Lo invitas a participar en tus logros? ¿Pides su apoyo y su ayuda en tus trabajos?

Continúa leyendo el Evangelio, mira los milagros que hizo Jesús, ¿Eran actos de magia? ¿Procedían de una fuerza superior o divina?

A medida que hemos avanzado en nuestra reflexión, hicimos el ejercicio que nos llevaba a liberarnos de la esclavitud mental o del pensamiento, y de la esclavitud afectiva o de los sentimientos, si detectamos cuanto estas fuerzas tienen de esclavizantes, y llegamos a aprender cómo orientar la voluntad, consideramos todo esto como elementos para una liberación en favor del "YO"...

¿Y ahora qué sigue?

Pues ahora lo que nos hace falta es nada menos que liberarnos también del propio "YO", o sea de lo más nuestro, de lo más sagrado, de lo más valioso de nosotros mismos.

Al considerar la persona de Jesucristo vimos cómo injertando nuestra vida en Él, Él da sentido y perfección a todas nuestras facultades humanas.

Y si has leído asiduamente el Evangelio, probablemente te habrás ya encontrado con aquella palabra extraña y desconcertante:

"El que ama su vida la perderá, pero el que pierda su vida por mí, la recuperará"...

Esto no es un cuento, ni cosa extremadamente difícil, pero sí exigente: a Cristo Jesús hay que darle todo, todo: el ser entero, no una parte, mente, voluntad, sentimientos, sentidos, fuerzas físicas...

Cuando Él empiece a vivir en nosotros, toda nuestra vida va a empezar a ser diferente.

Porque lo que creíamos perder, lo encontramos de nuevo y lo recuperamos multiplicado, engrandecido, santificado...

Esta es la verdadera maravilla de la liberación cuando se hace donación.

Una transformación que brotará desde dentro, de lo más íntimo del ser, aunque las apariencias se conserven como antes, pero podremos contemplarlo todo con más claridad y levantarnos a caminar por la vida con seguridad, fortaleza y energía, reconociendo que todo esto procede de la fuerza del Espíritu de Dios que está ya viviendo en nosotros.

El "tú puedes" –que tanto se pregona a veces en términos puramente humanos– es relativo, es limitado, la persona por sí sola se queda a mitad del camino, pero cuando actúa reforzada por esta fuerza divina, entonces sí es posible todo, hasta lo más asombroso, entonces sí va a ser posible cualquier milagro.

Actividad personal:

Escribe brevemente las diferencias que encuentras entre libertad y liberación.

Si Jesús volviera en la actualidad, ¿cuál sería su opinión respecto a la situación mundial?
¿de qué le pediríamos nos liberara?

Ya estamos ya muy avanzados en este "camino", y tenemos que llegar al final, con el milagro en las manos...

El fragmento del Evangelio que se medita en la Liturgia, nos presenta a Cristo Jesús en un momento de Gloria. En su vida hubo momentos de lucha, de esfuerzos, de dolor, pero hubo también momentos de Gloria.

Unidos a su vivir, podemos encontrar también nosotros una glorificación auténtica, sin falsedades, apariencias ni engaños; ya que a veces nuestras glorificaciones humanas, no pasan de ser "vanagloria", o lo mismo gloria vana, vacía insustancial.

Con Cristo sí es posible encontrar ese renglón en donde la vida puede encontrar la verdadera glorificación.

Las palabras del Señor Jesús son iluminadoras y nos van haciendo percibir con claridad por dónde va ese dinamismo transformador de la existencia.

Si hemos llegado a la fe, tenemos también la posibilidad de la Gloria.

Pero si nos preguntamos concretamente: ¿Qué es la glorificación? Podemos expresarlo en diferentes formas, o mirarlo desde diferentes ángulos, que es lo mismo.

Desde uno de ellos podemos afirmar: El ser humano alcanza su máximo nivel cuando vive plenamente de Fe, de Esperanza y de Caridad.

Si la mente, la voluntad y los sentimientos de una persona, han recibido la influencia del Señor Jesús, para ella todo el mundo y la vida son diferentes.

Pongamos como un ejemplo:

La fe es como encender una luz, todas las cosas se presentan ante nuestros ojos con su verdadera forma y dimensión.

La Esperanza es la capacidad de levantarnos y empezar a caminar, ante nuestra vista se abre el paisaje, la vida, el camino mismo, y la certeza de que podemos llegar.

La Caridad entonces va a ser el amor activo que al ir avanzando por la vida va haciendo con sus manos, cosas tan sencillamente maravillosas que bien pueden reconocerse como milagros, sobre todo porque están hechos en el nombre y por la acción de Dios.

Al llegar a este punto ya sabemos la forma, el modo, el camino y los medios de transformar nuestra vida de humana en divina. Como afirmó Jesús: "Esta es la gloria, que te conozcan, Padre, que me conozcan y que crean en mi mensaje, porque eso va a transformar la vida".

La Gloria de Dios es nuestra glorificación y todo se concentra, se reduce, se explica y se realiza en la Fe, en la Esperanza y en el Amor.

Actividad personal:

Para ti ¿qué significan fe, esperanza y caridad?

¿Qué desearías como lo máximo?

¿En qué momento te sientes soñado?

Empieza a concretizar lo que consideras como milagro.

Probablemente habrás oído decir alguna vez que en la Encarnación, "Dios se hizo hombre, para que el ser humano se hiciera Dios".

Ese es el camino de la glorificación: entrar, con los pies descalzos, en ámbitos donde la vida humana se eleva hasta lo divino.

Si volvemos al esquema aquel de las primeras reflexiones, en el que veíamos cómo el "Yo" se encuentra encerrado en una serie de capas que lo encarcelan y lo oprimen, hoy es el momento de considerar que sí hay una puerta de escape, una posibilidad por la cual podemos lograr hacernos camino hacia el cielo abierto donde ya no cuentan tiempos ni espacios.

Por este sendero, también podemos encontrar niveles:

El más elemental sería el de la razón, donde la mente tiene la posibilidad de escalar hasta planos superiores.

Luego podríamos considerar un plano más en donde se da la vida espiritual, con todos los presupuestos inmateriales e intangibles que pudiera implicar.

En un plano más consideramos la religiosidad, que es muy fuerte en la humanidad, pero no siempre a la misma intensidad, ni en forma segura, también aquí, puede haber oscuridades que nos desvíen del camino.

Por eso Dios mismo nos ha tendido la mano en la persona de Cristo, y podemos subir un escalón más al plano de lo cristiano.

Y todavía más alto, ya con la gracia y la fuerza del Espíritu, podemos llegar al plano de lo Divino.

Ya en el último nivel de nuestra simbólica escala nos encontramos en el último peldaño. Allí está ante nuestros ojos ese cielo abierto que no tiene límites ni fronteras: desde aquí presentimos lo infinito y lo eterno.

Desde este plano, no hay más allá, Aquí llegamos a donde el cielo abierto no tiene límites ni fronteras; desde aquí presentimos lo infinito y lo eterno; en este punto podemos hablar de temas antes casi prohibidos; lo más santo ha tocado nuestra pequeñez y transforma nuestra humanidad.

La gloria de Dios se manifiesta en una persona cuando ésta se ha abierto total e incondicionalmente ante su presencia y se deja invadir por su amor.

Actividad personal:

¿Hay un gran bache entre lo que eres y lo que quieres ser?

¿Has abierto tu corazón para permitir que la luz de Dios le ilumine?

Haz una oración sencilla para llegar a Dios, que sería como ventana para mirar a lo alto, como puerta de salida y como camino para llegar al cielo.

Repítela a menudo desde lo más sincero de tu corazón.

34 "LA ORACIÓN: FUERZA DEL HOMBRE Y DEBILIDAD DE DIOS"

Para ascender por esos niveles que conducen hacia la puerta de salida, de lo puramente material hacia lo trascendente, tenemos que apoyarnos en esa capacidad exclusiva del ser humano, que es la posibilidad de razonar, a través de este escalón, podemos adentrarnos en los terrenos de la vida espiritual y aquí nos encontramos con un medio muy poderoso para continuar el ascenso: se trata de la Oración.

La frase del encabezado expresa todo lo que pudiéramos decir acerca de este tema.

La oración, es uno de los asuntos más divinos y al mismo tiempo más humanos, allí donde la persona alcanza su más alta estatura, por la que se logra tocar el cielo con las manos.

Mucho se habla de la oración, y a menudo muy mal. Pero de entre todo aquello que escuchamos cuestionamos y discutimos, no nos olvidemos de ir a buscar la verdad en las palabras del Señor.

El evangelio es abundante en lecciones de oración. Y muy bien nos dice que no es el mucho hablar, ni el cumplir con fórmulas o formalismos; sino llegar al corazón, y sacar de allí una oración sencilla, confiada, filial.

Basten, como botones de muestra, las frases que leemos en san Mateo 6,6 y 21,22 "Cuando quieras orar, entra en tu habitación, y allí, en el secreto, háblale a tu Padre de los cielos, que mira lo más secreto". "Él te escuchará y hará lo que le pidas: "hasta echar una montaña al mar..."

¿A cuál habitación se refiere Jesús? No precisamente a nuestro cuarto, por muy bien acondicionado o muy bien encerrado o escondido que lo tengamos, esa habitación secreta y escondida a la que Cristo se refiere, no es otra que la íntima celdilla del "Yo" de la que tanto hemos hablado en estas reflexiones.

El Padre Celestial se comporta igual que los padres humanos. No necesita ni siquiera que se le suplique, antes de que la plegaria asome a nuestros labios, Él ya la conoce, y está dispuesto a darnos cuanto le pidamos.

Pero cuánto más eficaz será nuestra oración al Padre si la hacemos en nombre y en unión de su Hijo amado Jesucristo.

Pero la verdadera grandeza de la oración, no se cifra en que obtener lo que pedimos, sino en el privilegio que Dios nos concede al aceptarnos como interlocutores en su conversación, y no como simples invitados, sino en calidad de hijos.

Hablar de tú a tú con Dios es algo que engrandece y diviniza la vida.

Hagamos hoy un espacio y dediquemos un tiempo tranquilo para entablar una conversación sencilla con nuestro Padre Dios. No olvidemos hacer espacios de silencio para escucharle.

Y si acaso nos pareciera muy difícil platicar directamente con nuestro Padre Dios, entonces podemos conversar con Jesús.

Actividad personal:

¿Es lo mimo rezar y orar? ¿Tienes algún método de oración? Repite lo siguiente o algo semejante con tus palabras:

Creo Dios mío que siempre estás presente en mi vida.

Tú eres infinitamente grande y santo: yo te adoro.

Tú me lo has dado todo: yo te doy gracias

Yo te he ofendido: te pido perdón de corazón.

Tú eres misericordia infinita: dame todo lo que tú

sabes que necesito.

Desde que Cristo Jesús vino al mundo, a dar a la humanidad un mensaje nuevo de parte de Dios, todo se ha vuelto nuevo en la historia del mundo y todo es posible de transformación en la vida de cualquier ser humano de buena voluntad.

El ser humano que ha tomado conciencia de su ser superior, en la Creación, y constata de que no todo se agota en la materia, se da cuenta de que en el plano espiritual, puede vivir experiencias muy importantes; pero también constatará que si busca subir sólo con su propio esfuerzo, por mucho que se eleve, siempre se quedará a mitad del camino…

En el nivel de lo Cristiano nos encontramos con aquellas realidades de las cuales hablábamos antes, considerando cómo Cristo tiende la mano a todo el que quiera llegar hasta Él, vimos que le da la posibilidad de hacerlo, y desde ese momento Él mismo empieza a ser su "Camino".

Y todo esto no es para los privilegiados, es para todo aquel que esté dispuesto a darlo todo y a abrirse a la gracia transformante del Dios que libera y que salva.

Con Cristo ha empezado en el mundo lo verdaderamente nuevo, y un nuevo tipo de seres humanos se están dando en la tierra.

Estos son los que ya han llegado a entender de qué se trata, y por donde van los designios de Dios.

Para estos no existe la ley, ellos no están sujetos a nada, ni les obliga el cumplimiento de los mandamientos, porque ya se mueven a un nivel superior.

Estos seres humanos no son de otro mundo, viven entre nosotros y podemos reconocerlos por las características con las cuales Jesús mismo los describe (Mateo 5,1-13):

Los pobres,

los que lloran,

los pacientes,

los que tienen hambre y sed,

los compasivos,

los de corazón limpio,

los que trabajan por la paz

los perseguidos...

Hemos dicho que a estas personas no les obligan ni los mandamientos, porque no son capaces de mal alguno, ni de robar, ni de matar, ni de mentir, ni de ninguna otra fechoría... En sus corazones se ha instaurado el amor como en su casa, y están viviendo la Vida misma de Cristo.

Pero ciertamente hay que tener ideas claras, no todos los que lloran por cualquier motivo, o los que son perseguidos por villanos y malvados gozan del privilegio de Dios. Hay veces que lloramos por berrinche, tenemos hambre por vagancia o somos pobres por miserables, más que por desprendidos.

Sería bueno escrutar nuestro corazón, y con el libro del Evangelio abierto, revisar nuestros códigos a ver por dónde anda nuestra vida.

Actividad personal:

Analiza los milagros de Jesús: Dio vista a los ciegos, hizo hablar a los mudos y andar a los paralíticos; sació el hambre, curó enfermos, etc.etc.

Si estuviera en tus manos resolver todos los problemas de la gente ¿qué harías o qué darías para lograrlo?

Mira si lo que estás pidiendo a Dios amerita un milagro...

La Vida con Cristo nos prepara a una etapa superior, donde podemos arribar hasta el umbral de lo divino. Jesús compara su vida y la de aquellos que han optado por Él, con una planta de brotes nuevos, lozanos y cargados de fruto.

Si leemos detenidamente el capítulo 15 del Evangelio de san Juan, nos podemos dar cuenta de cómo y por qué es posible al ser humano realizar las obras de Dios.

Primero, porque el que está unido a Cristo, es como ese brote o rama que recibe del tronco la savia de la vida y por medio de esa vida da frutos abundantes, y luego, porque el Padre Dios, es feliz de que sus criaturas fructifiquen en obras buenas y santas, y sobre todo si las realizan en su nombre y en favor de la vida, para que el Reino que Cristo vino a instaurar en esta tierra se fortifique y se haga una realidad.

Jesús dijo: "El que cree en mí hará las mismas cosas que yo hago y aún mayores" Jn 12,14.

Y yo no me asombro de esto, lo que me causa verdaderamente me extraña es que los cristianos teniendo tanta posibilidad en sus manos, la dejen guardada inútilmente y no la pongan en acción.

Y luego muchas veces vivimos soñando con encontrar la bolsita mágica que está llena siempre de monedas, o el genio maravilloso que nos concede todo cuanto pedimos, o al menos los tres consabidos deseos...

Y mientras tanto, nos olvidamos que tenemos por derecho, el sublime privilegio de encontrar en Cristo la plenitud de todos sus dones, para nosotros y para repartirlos, basta tan sólo con que queramos vivir unidos a Él como viven las ramas unidas al tronco y disfrutan de la savia vital que éste les comunica.

Con Cristo, por Cristo y en Cristo, la vida de todo ser humano se transforma por el AMOR, y esa transformación va en razón directa de lo que se ama.

Por eso dicen los maestros de vida espiritual: "Dime qué amas y te diré quien eres. Amas el polvo, eres polvo, amas a Dios, ¿me atreveré a decirlo? ¡Eres Dios!"

De otra manera diferente, pero que significa lo mismo, lo han dicho los santos: "Ya no vivo yo, es Cristo quien vive en mí!"

Y esa vida divina que surge como fuente en el corazón, en vez de minimizar la propia existencia, la va a potenciar y a darle una dignidad superior.

Con Él, por Él y en Él todo cambia, todo se transforma, porque es Él mismo quien está viviendo en todo.

Actividad personal:

¿Has experimentado en algún momento la acción de Dios en tu vida?

¿Momentos en los cuales te parece que una fuerza distinta a la tuya está actuando?

Un problema que se ha resuelto inesperadamente en una forma que ni habías pensado?

¿Qué has leído en el Evangelio al respecto?

En las reflexiones pasadas podría parecer que tomamos un camino que nos alejaba de nuestra casa. Salimos al encuentro de Dios, y bien pudiera suceder que más de alguno tuviera la tentación de quedarse allá, desinteresándose de todo lo demás, y olvidándose de la gente. Equivocación total. Al entregar la vida al Señor, Él no va a pedirnos que nos desentendamos de la familia, del trabajo, de la sociedad, de la política...

Al contrario, ¿Quién más comprometido con el mundo y la vida que el seguidor de Cristo?

Él envía de regreso a sus discípulos para que sean "fermento en la masa, levadura sana"; para que sigan comunicando y dando Vida y Amor a todos los hombres y mujeres que transitan por el planeta.

Por eso cuando creímos que seguir al Señor entregándole nuestros pensamientos, sentimientos y nuestra voluntad; iba a significar perderlos, sin duda nos dimos cuenta cómo, al ir avanzando por este camino, íbamos recuperando la autenticidad del "YO" y cuando creímos tenerlo entre las manos, vuelve y se presenta el Señor y nos tiende la mano para pedirnos que también eso, lo último que nos quedaba, se lo entreguemos.

Y al creer que ya no quedaba nada en nosotros, volteamos a mirar el cofre de nuestro corazón y lo encontramos colmado de sus dones, de sus gracias y de su misma vida.

Cuando una persona sale a las afueras, y lo deja todo, desprendiéndose afectivamente de todo lo material, sensible y amado, optando con todo su ser por el Señor; ya en el desierto, despojado de todo, cuando se ha puesto en una disposición total de cumplir la voluntad divina, esa persona ya sólo tiene una palabra:

"Señor ¿qué quieres que haga?"

y el mismo Señor que un día lo pidió todo, le dice:

"Quiero pedirte algo..."

"Habla Señor",

"Vuelve a tu casa, a tu trabajo, a tus pertenencias, ve con tu familia y háblales de mí".

Dios no quiere gente aislada –los ermitaños fueron gente de una época, pero no eran personas aisladas–, las leyendas acerca de ellos son por demás contradictorias. Se retiraban al desierto, no hablaban con nadie y comían sólo raíces; y sin embargo la gente los seguía, escuchaban sus consejos, les llevaban víveres, y éstos a su vez daban hospitalidad a sus visitantes en sus agrestes grutas...

Dios quiere gente acompañada y en buena compañía, gente que se solidarice con sus vecinos, que les tienda la mano, que les meta el hombro, que les cubra la espalda en los momentos de dificultad, gente que comparta sus ideales, que goce con ellos en sus fiestas, que sepa reír y alegrarse con los demás en los momentos felices, y llorar en sus días de dolor.

Esas gentes son por sí mismas un milagro en medio de un mundo vanidoso, que vive de egoísmo, que a todo le pone precio y que afianza su valer en motivos de poder y de orgullo.

Esas gentes son signo visible de una presencia divina que gusta pasearse entre nosotros disfrazado de humano.

Actividad personal:

Haz una lista de los milagros que verdaderamente te interesan: Para los demás y... Para ti:

No dejes de leer el Evangelio: es fuente de inspiración y motivación para realizar lo grande, lo maravilloso.

Hasta aquí hemos intentado mirar a Jesucristo a través de sus Palabras inscritas en el Evangelio, y poniendo a su disposición, nuestra mente, voluntad y sentimientos.

Le entregamos todo y fuimos con Él al desierto y a las afueras de nuestro "YO", para vivir con Él hasta sus últimas consecuencias... pero Él nos ha hecho regresar, y quiere que seamos agentes de cambio en un mundo donde hace falta "que venga su Reino".

Si recordamos el día de la Entrada triunfal de Jesús en Jerusalén y cómo querían proclamarlo rey.

Pero Él lo había dicho repetidas veces y muy claramente: "Mi Reino no es de este mundo..."

"El Reino de Dios no es cuestión de comida o de bebida, es más bien la transformación del corazón".

El Reino de Dios está cerca. Y acaso también nosotros, un día salimos en pos del Señor aclamándolo con ramos y palmas y gritando entusiasmados: "Bendito el que viene en nombre del Señor..." pero ¡cuidado! no sea que en muy próximas fechas también seamos traidores y pidamos a gritos que lo crucifiquen...

Hoy tenemos ante nuestros ojos nuevamente la primigenia opción: o con Cristo o contra Cristo. En su Reino o fuera de él; trabajando a su lado, o en su contra.

El Reino, –o reinado de Dios– se va a hacer presente cuando se instaure en la tierra la justicia y la fraternidad. Ese va a ser nuestro compromiso, y necesitamos alinearnos a su grupo, porque si no, nos quedamos afuera de lo que queremos.

Hay muchas gentes buenas, que viven una vida de autenticidad y de rectitud, pero viven sin Dios, y eso les resta eficacia.

Ahora bien, tenemos que tener bien claro, que si hasta aquí hemos hecho un camino de liberación humana, podemos también quedarnos allí, y podemos hacer cosas grandes y maravillosas, pero si no están dentro de la voluntad salvífica de Dios, se quedarán en prodigios hechos por la fuerza del mal, y esas acciones son bombas de tiempo, que a la larga destruyen a la misma persona que las realiza.

Por eso vemos que gente sin escrúpulos también hace cosas extraordinarias que son como aviones que se levantan por un momento pero que no encuentran su ruta y luego, como en picado, caen por su propio peso.

En cambio las obras del que está al lado de Dios tienen tres dimensiones:

• continúan la obra Creadora del Padre,

• proyectan la acción salvadora de Cristo

• prolongan la gracia santificadora del Espíritu Santo.

Por eso hoy tenemos que hacer un tiempo de silencio para dejar salir de nuestro corazón la respuesta al cuestionamiento clave:

Con Cristo o contra Cristo.

Actividad personal:

Evoca momentos en los cuales te has sentido parte de un proyecto divino.

Si Dios te pide que hagas algo en su nombre, ¿estarás dispuesto a poner todo de tu parte para realizarlo?

Entramos ya en la recta final. Si hemos seguido este ejercicio dentro de la Cuaresma, hoy nos encontramos inmersos de lleno en esta Semana Santa; si lo llevamos en cualquier otro tiempo del año es lo mismo: hemos llegado al momento de hacer la síntesis de todo lo que hemos ido reflexionando. Nos encontramos ya como de regreso, pero ahora con el compromiso de poner al servicio del Reino de Dios todo lo que recogimos a nuestro paso.

Y curiosamente, ahora que estamos casi al final, nuestras reflexiones tienen el mismo tinte que las del inicio, pero ahora se vuelven más radicales, más definitivas.

En el Evangelio leemos cómo en el contexto más sublime y de gloria, Jesús habla a sus discípulos del desprendimiento, como una de las exigencias del Reino. Desprendimiento que, en resumidas cuentas viene a condensarse todo lo que hemos venido trabajando a lo largo de este camino, o sea, liberarnos de todo cuanto nos impide volar.

Pero ahora llegamos a lo que también ya habíamos mencionado, el liberarnos del "YO" a tal grado de que nuestra vida se compara con el grano de trigo que se siembra en el surco, para que se desintegre y muera, y de su ser germine una nueva planta.

Vida para la vida, que sigue prolongándose hasta lo infinito.

El desprendimiento de las cosas es exterior y superficial, el desprendimiento del "Yo", toca las fibras más sensibles del ser, pero es allí, en los corazones humanos, donde enraiza el Reino de Dios, que, como dijo Jesús: "No es cuestión de comida ni de bebida, ni se refiere a cosa alguna de este mundo".

El Reino de Dios va a perdurar en nosotros y por nosotros, a través del Amor que vayamos cultivando, sembrando y ofreciendo a los demás en el nombre de Cristo.

Ya en los próximos días tendremos oportunidad de considerar que Jesús expresó su amor en la forma más elocuente, pues llegó hasta dar su vida por Amor.

Actividad personal:

Hoy podemos preguntarnos qué es lo que entendemos por amor y de qué calidad están tramados nuestros amores, si se alcanzan a levantar hasta el cielo, o si se quedan al ras del suelo.

Miremos también el Amor de Cristo y pidamos que nos enseñe a vivir conforme a ése su único mandamiento.

En la dinámica del Reino de Dios, no basta dejarlo todo, el desprendimiento es poca cosa si no se vuelve ofrenda de amor a Dios nuestro Padre, por medio de Jesucristo.

San Pablo dice: "aunque diera todos mis bienes a los pobres, y entregase mi cuerpo a las llamas, si no tengo amor, no sirve de nada". (ICor 13,3)

Cristo Jesús nos dio el más grande ejemplo de desprendimiento, y llegó hasta la ofrenda total de su vida para darnos la Salvación.

El trigo cae en la tierra para volverse más vida, y no para quedarse estéril y muerto definitivamente, sino para fructificar abundantemente.

La donación, que es la entrega a Dios de todo cuanto somos y tenemos es sólo para que se sirva de nuestra persona en la construcción y edificación de un Cielo Nuevo y de una Nueva Tierra, donde se dé la auténtica realidad del Reino que Cristo predicó.

Entonces todo lo que hagamos va a ser "Apostolado", esto es: "Acción de Gracia y Salvación" en beneficio de todos los hijos de Dios.

A partir de este punto podremos considerar algunos aspectos acerca del "servicio", mientras tanto meditamos y oramos cuál es la disposición que mueve nuestra vida.

Hoy podemos repetir como Oración las palabras que el Padre Carlos de Foucauld nos dejó, después de que él mismo las repitió miles de veces desde su corazón:

Actividad personal:

> *Padre, me pongo en tus manos,*
> *haz de mí lo que quieras,*
> *sea lo que sea, te doy las gracias.*
> *Estoy dispuesto a todo.*
> *lo acepto todo,*
> *con tal que tu voluntad se cumpla*
> *en mí y en todas tus criaturas.*
> *No deseo nada más, Padre,*
> *te confío mi alma.*
> *Te la doy*
> *con todo el amor de que soy capaz,*
> *porque te amo y necesito darme,*
> *ponerme en tus manos sin medida,*
> *con una infinita confianza,*
> *porque Tú eres mi Padre.*

Nota:

Con esta meditación cumplimos los cuarenta días pro-
puestos, pero continuaremos un poco más...

CONCLUSIONES

Los termas que a continuación se han añadido, son para hacer una síntesis o recapitulación de lo propuesto a lo largo de estos temas... Para quienes hayan seguido este esquema en Cuaresma, estos días coinciden con meditaciones muy propias para la Semana Mayor. En cualquier tiempo del año, se trata tan sólo de añadir unos días a nuestro.

Por cuanto hemos visto, cada uno puede ser milagro de Dios para los que le rodean o para quienes conviven a su lado. Es necesario, no obstante, estar atentos a sus necesidades.

Con fe, podemos las estrellas; lograr "todo", porque no pedimos nada fuera de lo que el Señor quiere darnos; y lo que el Señor trae en sus manos para sus hijos son puras cosas buenas que les ayudan a ser más personas a ser mejores y a llegar a planos insospechados de grandeza; esa grandeza que sólo se consigue cuando se transitan los senderos de lo divino.

Dios nos abre las manos y a veces nosotros preferimos nuestra miseria, cuando podríamos entrar en su casa como hijos. Milagro será siempre lograr dar el paso y aplicarlo a la propia vida; abrir los ojos para ver la luz; pero a veces vamos pidiendo cosas insustanciales cuando Dios quiere darnos a manos llenas una infinidad de dones para nuestro bien material, físico, espiritual y hacer de nosotros la persona que siempre hemos deseado ser.

La persona que quiere realizar milagros se mueve siempre en un doble movimiento pendular: desde su necesidad implora, de allí pasa a la alabanza de un Dios justo y bondadoso y luego abre sus manos para dar a otros lo que ha recibido.

Si aprendemos a descubrir los milagros que Dios nos regala cada día; esto es, si logramos despertar nuestros ojos espirituales a la fe, veremos muy cerca de nosotros la persona de Cristo Jesús, nuestro amigo y Salvador.

Oración

¡Cuántas veces, Señor,
alzamos la mirada hacia los cielos
deseando contemplar
al menos un rayo de tu gloria,
y cuantas más dejamos que pase inadvertida
la presencia sencilla de tus pasos
a la vera del mismo camino,
que juntos transitamos!

¡Cuántas veces, Señor,
quisiéramos oírte
y dejar que tu voz inunde nuestro oído,
para saber que vives,
que te podemos hablar y nos respondes;
y cuantas otras veces permanecemos sordos
a la Palabra viva que a diario nos susurra
lo que quieres decirnos
en cada circunstancia!

¡Cuántas veces Señor,
quisieran nuestras manos
palpar las tuyas y sentirte cerca,
y en cuántas ocasiones
desconocemos tu presencia,
tu amor siempre cercano
que a diario se nos da
en la tenue caricia
que nos trae en sus alas el viento!

Así que ánimo, sólo son cinco días más…

Ahora que estamos llegando al momento cumbre de nuestro "Camino", podemos ya poner en claro unos puntos importantes:

* Nos enrolamos en esto con el deseo de aprender a hacer milagros.

* Debemos tener bien claro que ninguna persona humana hace milagros. Ni siquiera un santo, por muy milagroso que lo consideremos, puede hacer milagro alguno.

* Solamente Dios hace los milagros.

Y luego nos encontramos con unas contradicciones sumamente interesantes:

1. Siempre vamos a encontrar los milagros en las manos humanas.

2. Las personas pueden arrancar, con sus manos, los milagros a Dios.

3. Dios se sirve de las personas para hacer sus acciones y realizar sus obras.

En esa dinámica divino-humana hay muchas cosas que parecieran realizadas por nosotros mismos, pero siempre será oportuno reconocer la acción de Dios que está actuando como fuerza principal, generadora de Vida, y de Gracia.

Por ejemplo, lo más comprometido que podemos actuar será sin lugar a dudas la decisión de ponernos de pie, de salir de nuestro letargo, y dar el paso hacia una Conversión, se necesita mucha fuerza de voluntad, sin embargo, la Gracia que nos apoya y nos da la posibilidad de lograr este milagro, viene de Dios.

Por eso la Madre Tecla Merlo decía y repetía constantemente:

"De mí nada puedo, con Dios lo puedo todo..."

Pero partimos de la otra premisa en la que afirmamos que en el Reino de Dios, Él se sirve de las personas para llevar a cabo sus obras y realizar sus planes.

Entonces vemos que si una persona se ha puesto incondicionalmente a disposición de Dios, en ella se darán las condiciones para hacerlo todo, aún lo más extraordinario y maravilloso.

Pero siguen las condiciones de Dios:

Toda acción debe ser siempre en favor de la Vida, siempre en beneficio de otros, especialmente de los más necesitados, de los más desvalidos, de los más olvidados.

Nuestra vida queda estéril si no traducimos cuanto hacemos y vivimos en el servicio a los demás.

Todo lo que hacemos puede redundar en servicio a nuestros prójimos, primero a los más cercanos y luego a los que se encuentran en nuestras más alejadas periferias.

Hasta el trabajo remunerado, aquel con el que nos ganamos el pan, es útil y puede servir también para ganar el cielo.

Así, de este modo, vemos cómo y por qué en el centro de la acción salvadora del Reino, está el Servicio como privilegio, prerrogativa y compromiso de aquellos que tienen en sus manos los milagros de Dios, porque no será la persona quien actúa, sino que Dios mismo estará actuando a través de sus manos, de su palabra, de su persona, y de su vida toda.

Actividad personal:

Reflexiono y anoto en lo que me hace falta remover para estar plenamente disponible al proyecto de Dios.

El Jueves Santo es un día muy importante, no sólo porque entramos en unos momentos privilegiados de meditación y de oración, sino porque las enseñanzas de Jesús son decisivas.

Sería largo considerar y desmenuzar todas y cada una de las acciones y palabras del Señor, pero dentro del tema que hoy nos interesa, vamos a fijarnos tan sólo en su actitud de compartir.

La tarde del primer "Jueves Santo" fue muy solemne. Jesús había decidido celebrar la Pascua en Jerusalén, con sus discípulos. Ya todo estaba preparado y sólo faltaban los últimos detalles y Jesús envió a Santiago y a Juan a ver que todo estuviera a punto y en orden. Era una fiesta muy solemne. Y Jesús celebró esa cena, sabiendo a ciencia cierta que era la última fiesta que pasaba en compañía de aquellos que Él mismo había escogido como discípulos y amigos.

Todo se cumplía fielmente conforme al rito... no obstante en un momento determinado, Jesús rompió los esquemas y dio un giro totalmente diverso a la celebración.

En ese momento cumbre, como una despedida, como quien entrega en manos de los apóstoles su propia vida, Jesús instituye la Eucaristía. Este fue el signo y símbolo de su voluntad de quedarse para siempre entre los seres humanos de todos los lugares y de todos los tiempos.

En nuestras vivencias cristianas, volvemos otra vez los ojos al ejemplo de Jesús para aprender a vivir nuestros momentos cumbres, esos en los que la vida se hace santa.

Aquel que haya optado por vivir la vida cristiana hasta sus últimas consecuencias, se verá inevitablemente envuelto en una serie de experiencias a alta tensión.

El seguidor de Cristo no está condenado a una vida monótona, gris y sin relieve, antes bien, está llamado a compartir, a vivir momentos de intimidad donde tienen lugar las más delicadas confidencias.

Y en esas vivencias está la fiesta, el participar con amigos y vecinos de esos instantes en que sus vidas adquieren una nueva dimensión.

No vamos a ignorar que nos va a tocar vivir también los momentos de decepción, porque no siempre los amigos responden como esperamos, o incluso porque nosotros mismos, con la mejor de las intenciones, hay veces que fallamos y defraudamos a aquellos a quienes amamos y nos aman.

Pero lo importante es la disposición de servir y de compartir con los demás en la alegría y en el dolor, en el canto y en las lágrimas, en el sufrimiento o en los triunfos ajenos.

Miramos a Cristo que comparte el Pan, y con el Pan, su misma vida, "para que todos seamos uno".

Actividad personal:

Leer en el Evangelio las páginas que hablan de este tema:

Comenta con alguien lo que significa compartir con desinterés dando incluso algo de sí mismo.

El Viernes Santo es un día de dolor, primero porque consideramos el dolor de Cristo y luego porque ponemos en sus manos todo el dolor humano del mundo y de todos los tiempos.

El sufrimiento es una realidad de la que nadie escapa. Es muy variada la gama de sufrimientos que nos amenazan y con mucha eficacia, por todos lados.

Cada uno podría hacer su lista, larga como su dolor.

Por todas partes nos acechan sufrimientos de toda especie, y unos que vienen de fuera, y otros que surgen de nosotros mismos.

El más terrible de todos es la muerte; no escaparemos tampoco de ese supremo dolor que es lo más seguro y lo más incierto.

Quisiéramos decir que hay una forma de aliviar el sufrimiento humano, pero en el fondo la realidad del sufrimiento es una y única: La vive cada quien sin poder compartirla. Lo que sí podemos hacer es acudir a Cristo y al trasluz de su sufrimiento, darle sentido a los nuestros.

A la hora del milagro, miramos a Jesús en su vida y nos damos cuenta de que en vez de quitar el dolor del mundo, tomó para sí mismo una buena parte y lo vivió intensamente.

Acaso sea eso lo más que podemos hacer ante el sufrimiento ajeno: decir al otro: "estoy contigo". ¿O serías capaz de ser Cirineo de alguien?

Y en el momento en que nos toca vivir en nuestro propio Viernes Santo, podemos acercarnos al Señor y decirle: aquí estoy para integrar mi sufrimiento al tuyo.

En esta ocasión meditamos en el Evangelio la lectura de la Pasión de Jesús para aprender a asumir nuestra parte de dolor, y para saber distinguir cuáles son los sufrimientos inevitables de la vida, y cuáles los sufrimientos inútiles que nos procuramos tontamente.

Cuáles sufrimientos que podemos y debemos quitar de nuestros caminos, y cuáles constituyen esa cruz que hay que abrazar con amor como signo de Salvación.

Actividad personal:

Recordando momentos de sufrimiento evocamos cómo el consuelo que llegó impensadamente en forma que ni siquiera hubiésemos imaginado.

¿Qué dirías en nombre de Dios a una persona que sufre?

Luego vendrá el sábado santo: un día largo, largo... será preciso esperar hasta la media noche para entrar en ese silencio de religiosa intimidad y celebrar allí la exultante realidad de la Resurrección de Cristo.

44 LA PERSONA QUE HACE MILAGROS.

¿Nos hemos dado cuenta acaso que hay cosas que permanecen vivas y que son como semillas que germinan y se renuevan siempre; y que cuando nos parece que han muerto surgen con una vitalidad más hermosa y llena de plenitud?

Tal vez a nuestro lado pasa, casi inadvertida, una persona que va por la tierra viviendo sus días con la santidad de Cristo.

Esta persona es un milagro viviente porque está siempre de pie, y lista para ponerse en camino hacia lo nuevo, si es mejor.

◆ No se deja aplastar por las condiciones materiales y hedonistas del mundo en que vivimos.

◆ Sabe cómo renovar su vida, en cada circunstancia; los momentos de crisis le sirven para escalar un peldaño hacia lo mejor.

◆ Tiene su mente limpia, y sabe dar luminosidad a sus pensamientos.

◆ Su voluntad es el timón de su vida, no se deja llevar por la corriente ni va a donde va la mayoría.

◆ No se rige por la ley de menor esfuerzo, sabe también escalar la cuesta hacia arriba cuando es necesario.

◆ Sabe decir la palabra oportuna en cada momento; nunca su voz es hiriente o burlona.

◆ No se deja arrastrar por la corriente, antes bien, sabe lo que quiere y a dónde va.

◆ Ha encontrado en su "Yo", la autenticidad de su ser.

◆ No tiene miedo reconocerse como es, y en ocasiones decir "me equivoqué".

◆ Tiene una actitud de adhesión perseverante a Cristo por medio de la fe.

- No tiene miedo creer y decir "sí" a la Verdad.

- No siente rebajarse cuando se descubre ante lo verdadero, lo bueno y lo bello. Tiene claro el objetivo de su vida.

- Es libre porque se ha liberado de todas sus ataduras interiores.

- Ha encontrado la grandeza del perdón y sabe darlo, pedirlo o recibirlo, según sea necesario.

- Su conciencia es una luz que le ilumina, no un clavo que le molesta.

- Busca espacios y tiempos para reflexionar y para orar; no se siente menos grande cuando se arrodilla.

- No tiene apego a nada material, ni siquiera a sí misma y al lugar que ocupa.

- No odia a nadie, y en un determinado momento sabe perdonar y dar la mano, incluso al enemigo.

- Nunca sale de sus labios una palabra alterada, una crítica amarga, un reproche hiriente.

- Todo su hablar expresa la armonía de su ser interior.

- Aprendió los ejemplos y las enseñanzas de Cristo, y sabe dar vida a la Vida.

- Tiene la mente abierta para aprender y para comunicarse.

- Sus sentimientos son semejantes a los de Cristo, y su sensibilidad no es susceptible ante las motivaciones externas.

- Se desenvuelve con aplomo en cualquier circunstancia, y afronta sanamente los reveses de la vida.

- Reconoce en Jesús el nexo con lo divino; vive con sencillez su vida diaria como un aporte a la "Vida" y al Reino de Dios.

- Vive la libertad como una opción gozosa, y sabe lo que quiere.

- Se pone en una actitud de servicio humilde, pero sin humillación.

- Es capaz de vivir sus momentos luminosos con sencillez, y sus momentos difíciles con serenidad.

A una persona así nada ni nadie le niega nada, ni siquiera Dios. Puede pedir lo que quiera, y antes que la palabra llegue a sus labios, ya el Señor está actuando, y cuando actúa, Dios mismo pone en sus manos el milagro.

Una persona así, puede hacer lo que quiera, incluso los más desconcertantes milagros.

Cada uno puede ser milagro de Dios para los que le rodean o para quienes conviven a su lado.

Es necesario, no obstante, estar atentos a sus necesidades y no escatimar nada ni quedarse en lo que a mí me gusta...

Cuando el Señor esta presente todo es diferente. Ponemos nuestra confianza en aquel que no defrauda.

Renovar cada día nuestra fe en Jesucristo, que siempre nos acompaña y nos salva

ORACIÓN

No sólo son ciegos los que no ven la luz,

no nada más es mudo el que no puede hablar...

somos muchos los que vamos por la vida

sordos a tu divina voz...

no queremos ver ni oír las realidades

milagrosas que Tú Señor nos das,

porque no salimos de ese círculo

que nos atrapa dentro del propio yo.

Es cierto, Señor, que también yo,

muchas veces me resisto

y vivo sumergido en mi oscuro egoísmo,

es verdad que estoy ciego y sordo

cuando cierro ojos y oídos al amor que me das

y quieres que comunique a los demás.

Pero desde ahora, Señor,

con tu ayuda y tu gracia,

quiero ser diferente,

porque no puedo vivir así...

quiero dejarme iluminar por tu luz,

abrirme al milagro que prometes

y tener en mí esa claridad de vida

que da alegría, plenitud, felicidad...

45 DIOS ESTÁ CON NOSOTROS
Y VIVE ENTRE NOSOTROS

El domingo es el día más importante de la semana, y el Domingo de Pascua es el día más importante de todo el año. Es el día en que recordamos la Resurrección de Jesús que es el milagro más grande de la Historia: Jesús retomó su vida, porque el Padre le dio esa facultad, en atención a su fidelidad.

Pero la resurrección al mismo tiempo que es una realidad impresionante y extraordinaria que rompe todos los esquemas y leyes naturales; es también signo y promesa de una vida que no termina y que Cristo ofrece a sus seguidores porque la realidad de la Pascua y la experiencia de la Vida eterna, no se da después de la muerte, sino que es algo que podemos experimentar y empezar a vivir desde ahora, mientras caminamos en esos altibajos de lo temporal, lo mundano y lo perecedero.

En una persona que ha encontrado la conexión entre su vida mortal y la vida nueva que el Señor promete, no tiene cabida la tristeza ni el desaliento, y mucho menos la frustración, porque sabe interpretar los acontecimientos con la mayor objetividad, a la luz de la fe, y apoyada firmemente en la esperanza; y aún los momentos más dolorosos los vive integrados al supremo dolor de Cristo donde todo se transforma y adquiere nueva vida.

Sabe que no depende de un destino fatal; y que hasta la misma muerte tiene visos de victoria, de triunfo y de gloria.

Esto es lo que Cristo nos ha merecido con su paso por esta vida hacia la vida definitiva.

La vida eterna no es para el futuro, para después de esta vida. La vida eterna empieza ahora, en nuestro avanzar lento, vacilante, a veces con tropiezos, con dificultades y hasta con pecados.

Quien quiera empezar a vivir la vida eterna, que empiece desde ahora, así tiene la garantía de la continuidad. Ya ha empezado, luego sólo le tocará trasponer el umbral de esa "Nueva vida" y continuar viviendo para siempre con Jesús, el amigo que sin duda le dirá:

-¡Qué gusto verte!

Entonces, Él mismo le dará la mano y serán compañeros de camino en ese nuevo sendero que va a parar a un destino sin final.

Por esto en la Pascua de Resurrección es bueno acercarnos al Señor para pedirle que nos comunique la gracia de la vida, ya que Él mismo afirmó que vino al mundo para que pudiéramos vivir verdaderamente.

La vida que Él nos comunica será para nosotros verdaderamente "Pascua", si nos decidimos a dar ese PASO, al que continua y constantemente nos llama Dios.

Se trata de pasar de la oscuridad a la luz, del pecado a la gracia, de la muerte a la vida, de lo que no es, a lo que verdaderamente existe, de una vida vacía y sin sentido, a una alegría incontenible, a un gozo en plenitud.

Entonces podremos reconocer que esa felicidad no procede de nosotros mismos; que es tan superior que únicamente puede proceder de Dios.

Allí donde nuestras seguridades humanas se desmoronan, es donde las promesas de Cristo pueden hacerse realidades.

La esperanza empieza entonces a perfilarse en una forma muy concreta: Dios está con nosotros y entre nosotros: Él es presencia.

Pero Él ha querido ser presencia "sacramental", esto es, que quiere dar a cada uno lo que necesita en el momento más apropiado, pero quiere dárselo en las manos humanas de cada uno de nosotros.

En mis manos pone alegrías y consuelos, ayudas y esperanzas; allí deposita todo su amor, y quiere que yo lo vaya sembrando a mi paso.

Y lo mismo para mí. Él sabe todo lo que yo necesito, lo que me hace falta a cada momento. Él está siempre presente junto a mí, pero nunca el Señor se me va a manifestar como una visión ni se me va a presentar como una aparición extraordinaria.

Lo verdaderamente maravilloso es que, con la mayor sencillez y naturalidad me llegarán, en manos hermanas, lo que necesito, lo que desesperadamente ando buscando, o lo que incesantemente pido suplicante en mi oración.

Pero también es necesario que sepa reconocerlo así y que bendiga las manos que Dios ha escogido para presentarme sus dones. Es necesario recordar que Cristo quiere hacerse presente para mí en los demás; pero también quiere que yo sea su presencia para que en mí le vean los otros.

Donde intervienen el desinterés, lo gratuito, Dios está pasando a nuestro lado disfrazado de prójimo, pobre, triste y desamparado. Tiene hambre y pide de comer, tiene sed y busca quien le dé un poco de agua. Tiene frío y necesita con qué cubrirse. Sufre tristeza y desamparo, necesita quien le dé un consuelo.

Así cada día tendremos la oportunidad de ofrecer un servicio a Dios en la persona del que nos tiende la mano implorando una ayuda gratuita.

Al lado de una multitud de hombres y mujeres sufrientes y necesitados, vamos nosotros, cada uno, acaso más pobres y necesitados todavía, pero con las manos y el corazón colmados de gracia por los dones que Dios ha puesto en ellas para que vayamos a repartirlas en su nombre.

Señor,

por tu bondad inmensa que te impulsó

a dar vista a los ciegos y perdón a los pecadores;

te pedimos hoy que renueves el milagro

de aquel primer día de la Creación,

que resuene de nuevo tu Palabra:

"Hágase la luz".

Entonces aprenderemos

a mirar la realidad como la miras Tú,

y seremos reflejo de esa luz divina

que Tú mismo nos das

para que caminemos en tu claridad.

Contenido

Haz tus anotaciones personales: